JN440045

미모사처럼 나를 여민다

그루수필선 057

미모사처럼 나를 여민다

하정숙 수필집

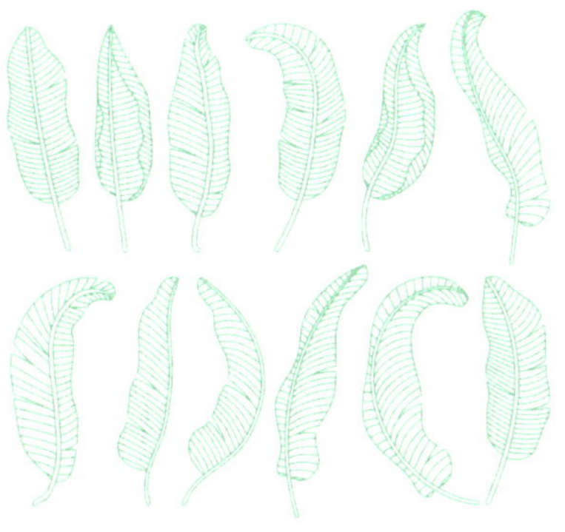

그루

책 머리에

야윈 나뭇가지에 봄이 오고 있다. 먼 여행에서 돌아와 기지개를 켜며 연둣빛 입술을 뾰족뾰족 내밀 것이다. 빛이 바랜 풀밭에도 촉촉한 바람이 밀려온다.

땅속으로부터 힘겹게 물관을 타오르는 물소리를 느끼면서 나의 삶과 글을 새김질해 본다. 마른 가지마다 물길이 닿는 봄을 위하여 얼마나 많은 인내의 겨울을 보냈는지 돌아본다.

글 쓰는 일은 항상 어려운 과제다. 이미 써 놓은 글도 다시 읽어 보면 부족함이 많다. 그런데 마른 나뭇가지로 오던 봄이 내 손을 잡아 주며 용기를 북돋아 주었다. 그 북돋음에 용기를 내어 첫 수필집을 세상에 선보인다.

그동안 글감을 마련해 준 귀한 인연들에게 감사 인사 올리며, 마음 편히 글을 쓸 수 있도록 든든한 버팀목이 되어 준 가족들에게도 고마운 마음을 전한다.

2018년 3월에

하 정 숙

차례

책 머리에 5

1

이젠 꽃을 봐도 되겠니

⋮

엄마의 가슴앓이 11

지각한 소망 15

품바 인생 20

연분홍 치마가 봄바람에 휘날리더라 25

옆구리 터진 김밥 28

행운목의 부활 33

부석사 가는 길 37

안단테와 포르티시모 42

막걸리와 국수 46

고구마밭 둔덕에 계신 아버지 52

가죽나물 56

이젠 꽃을 봐도 되겠니 61

2

외로운 세월

⋮

이사 67

외로운 세월 71

가시 76

선물 81

달맞이꽃 85

미모사처럼 나를 여민다 89

낯선 여자 93

애열 98

사랑초 102

해거리 106

배추의 겉앓이 110

글덧 115

자연에 살고 싶다 118

3
구룡포의 봄

⋮

바람막이 125
못자리 130
뭍바람 135
감은사지 여정 140
예쁘네요 144
내 사랑은 파스텔 톤이다 149
구룡포의 봄 153
구룡포의 가을 157
신부 161
첫사랑 165
증발된 그때 169
평광동에서 만난 가을 173
아, 가을인가 177

4
산을 품다

⋮

6월의 물소리 185
바람이 된 아이들 189
접시꽃 안부 194
바다가 보이는 교실에서 197
댓글 120개를 달면서 202
꿈을 따는 아이들 208
홍시 여인 213
묵은 가지 217
수필 낭송이 잡은 자락 221
사흘을 앓은 여인 232
어느 자화상 236
우리 가락으로 맺은 '님' 240
산을 품다 244

1
이젠 꽃을 봐도 되겠니

'누나'라고 부르며
억지도 많이 부리던 막내가 '누님'이라고 존칭어를 쓰면서
바라보던 그 젖은 눈을 잊을 수가 없다.

엄마의 가슴앓이

올케!

바람 한 줄기가 가을의 끝자락을 잡아채기나 하듯, 휑하니 스쳐 지나간다.

앙상한 가지 위에서 마지막 몸짓을 하는 마른 잎을 보노라니 이 계절에 가장 아픈 가슴앓이를 하고 있는 자네의 애처로운 몸부림처럼 여겨져.

얄미우리만치 푸르른 하늘을 이고 고운 색으로 물들어 가는 산 중턱의 가을빛을 바라보며 하얀 건물 안으로 들어설 때까지도 우린 희망을 가졌었지. 건물 정문 앞에 반듯이 걸려 있던 '대구 시립 장애자 복지회관'이라는 낯선 간판을 보는 순간, 가슴이 꽉 메는 것 같아 우린 애써 외면하려 했었지.

다른 병원에서 풍기는 강한 소독 내음이 없는 게 조금은 마음의 안정을 주었지만 어린 석이의 이곳저곳을 진찰하는 의사 선생님을 지켜보는 우리는 재판정에서 판결을 기다리는 죄수가 된 심정이었어.

"정말 안됐습니다. 분명한 뇌성마비입니다."

긴 침묵을 깨트린 그 한마디에 자네는 그만 털썩 그 자리에 주저앉았고, 멍하니 서 있는 내 눈에선 쉴 새 없이 눈물만 흘러내렸어. 그래도 다행히 일찍 발견되어 치료하면 호전될 가능성도 크다는 의사 선생님의 위로의 말씀도 우리에겐 아무런 도움이 되지 못했어.

생후 7일째부터 심하게 앓은 황달의 후유증 때문이라니. 이제 겨우 엄마 얼굴을 보며 눈웃음 짓는 어린 석이의 눈망울을 보며 우린 그 엄청난 사실을 믿을 수가 없었어. 감기 때문에 찾은 병원에서 석이의 발육 상태를 묻는 우리에게 전문 진료 기관에 가서 상세한 진단을 받아 보라고 의사 선생님이 조심스럽게 말씀하셨을 때도 우리의 놀라움은 잠깐이었지. 결코 그 사실을 믿고 싶지도 또 믿지도 않았었지.

그리고 며칠을 망설인 끝에 혹시 그러면 어쩌나 하는 마음으로 다시 찾은 재활병원에서 우린 석이가 뇌성마비란 무서운 말을 들어야만 했어.

석이가 태어난 날은 3월 어느 날이었지. 딸이라도 괜찮다고 늘 얘기했건만 첫아들 낳았다는 소식에 우린 그저 고마웠고, 자넨 석이 엄마란 호칭에 수줍어하면서도 기뻐했었지. 목도 잘 가누지 못하고 뒤집는다든지, 앉는다든지 하는 그 또래의 아기들이 하는 일을 못하고 7개월이 지나도록 누워만 지내는 게 조금은 걱정도 되었지. 하지만 아직 어리기 때문에 조금 늦되는 거겠지 여겼는데 뇌성마비라니…….

힘없이 병원 문을 나선 우리 눈에 바라보이던 푸르디푸른 가을 하늘이 그날따라 왜 그리 서럽게만 느껴지던지. 한참 넋을 잃고 하늘만 바라보던 자네는 "형님……." 한마디를 내뱉으며 내 가슴에 쓰러졌고, 참았던 울음을 기어이 토해내고 말았지.

내가 받은 놀라움과 슬픔보다는 엄마로서 자네가 겪어야 할 고통이 스물일곱의 젊은 나이로 짊어지기엔 너무나 큰 멍에이기에 나는 눈물조차 나오지 않았어.

올케, 그렇게 아파하며 엄청난 현실을 받아들이는 데 많은 시간이 걸려야 했던 자네가 석이를 데리고 물리치료실을 드나든 지도 몇 날이 지났을 때였지. 마비 증세가 심해 부자유스럽던 석이의 왼쪽 팔이 조금씩 움직인다고 울먹이며 기뻐하던 자네의 전화를 받았었지. 다른 애들은 걸음마를 시작하는데 이제 겨우 손놀림을 배우기 시작하는 늦은 발육이지만 무척이나 좋아하던 자네의 고통과 기쁨을 같이 읽을 수 있었어.

올케, 자네가 좋아하던 계절이 가고 있어. 고운 색으로 온갖 화사함을 지녔던 나뭇잎들이 한 가닥 바람 자락에 떨어져 버리지만 올케, 우리 더 이상은 슬퍼하지 말자. 그 마른 잎들은 결코 흔적 없이 사라지는 게 아니라 자신의 몸을 지켜 주던 거목에 거름이 되어 해가 바뀌면 또 새로운 생명으로 돋아난다는 사실을 되새기자.

그리고 한 가지 큰 고통을 치르는 대신 또 다른 한 가지 고통이 덜어지리라고 믿자. 우리 석이가 첫 걸음마를 떼어 놓고 자네의 가슴에 뛰어들며 '엄마!' 하고 부를 때까지, 올케! 우리 아픈 세월을 조금만 더 견뎌내 보자.

지각한 소망

하늘 향해 쭉쭉 뻗은 나무들 사이를 사열하는 교관들처럼 여유 있게 걸으며 익숙해진 어둠 속을 빠져나왔다. 휘날리는 벽보들 속에 마디마디 담겨 있는 대학생들의 언어도 기웃거릴 정도로, 이젠 허둥대며 뜀박질하지 않아도 되었다. 학기말 시험 마지막 날이면서 종강 날이다.

진달래꽃 같은 설렘으로 시작된 내 대학 생활은 햇살을 등에 지고, 내리는 어둠을 가슴에 안으며 시작하는 야간 강좌였다. 직장 생활을 병행하며 한 수업이라 그런지 내가 상상하던 이상으로 힘이 부쳤다. 우선 대구에서 경산까지 왕복 세 시간 이상의 버스 통학은 차멀미 잘하는 내겐 큰 고역이었고, 마지막 수업이 끝나면 막차가 끊어질까 봐 내 짧은 다리는 학기 내내 달음박질쳐야 했다.

그리고 대학은 정말 대학大學이었다. 이제까지의 주입식이며 단답식이었던 교육에 비해 대학 수업은 스스로 몰입해야 했으며, 알맹이만 추구하는 것이 아니라 그 알맹이가 있기 위한 쭉정이 역할까지 파고들어야 했다. 그리고 교수님들은 굵직굵직한 공부의 주춧돌을 잡아 주셨고 거기에 자기 공부의 집을 짓는 것은 스스로의 몫이었다.

급한 밥에 체하듯 빡빡하게 진행되는 수업은 나에게 소화불량이 되곤 했다. 그리고 밤 11시가 넘어 집에 들어서면 싱크대에 수북이 쌓여 있는 그릇들은 너무도 얌전하게 나를 기다리고 있었다. 하루를 채 마무리할 시간도 없이 다음 날을 정신없이 맞으며 나는 어느새 지쳐 가고 있었다. 그러나 힘을 냈다. 아니 내야만 했다. 오늘의 소망을 위해 얼마나 먼 길을 돌아왔는데 주저앉을 수는 없었다.

여고 때, 부모님도 계시지 않고 동생 둘마저 있는 상황에서 국문과에 진학해 문학도의 꿈을 펴려던 생각도, 좋은 선생님이 되려던 교육대학교 진학도 내겐 사치일 수밖에 없었다. 그렇게 나는 대학 진학의 길을 접고 사회로 나섰다. 그러나 접어 버린 공부에 대한 미련은 시간이 갈수록 더욱 갈증으로 변해 갔다. 그리고 그 갈증을 풀려고 나는 정말 힘들게 입시 공부를 시작했다. 내 간절한 소망은 합격으로 다가왔다. 퇴근 후 영남대학교 캠퍼스를 찾았다.

"애들 공부시키자니 힘들죠?"

학부형인 줄 알며 합격증과 등록금 납부 고지서를 내주던 행정실 직원의 말에 쑥스러워할 틈도 없이 뛰쳐나온 나는 본관에서 교문까지 이어진 그 어둡고 긴 길을 기쁨과 설움에 북받쳐 울면서 걸어 내려왔다. 봉투 안에 곱게 들어 있는, 20년을 지각한 합격증을 가슴에 안을 때 북받치던 울음 속에서 그동안 내 세월을 아프게 했던 가시가 뽑혀 나가고 있었다.

그러나 그렇게 긴 세월을 기다리던 내 소망은 결코 쉬운 손님이 아니었다. 설상가상으로 불어닥친 IMF 한파는 만학도를 또 사정없이 내려치기 시작했다. 자금 회전이 어려워 직원들의 임금까지 삭감해야 한다며 잠을 못 이루고 담배 연기만 길게 내뿜는 남편의 옆모습을 보며 나는 차마 책을 펼칠 수가 없었다. 그나마 내 수입은 푼돈밖에 안 되니……. 집에만 있던 주부들도 부업이라도 해 보려고 나서는 판에 교통비와 등록금까지 들여가며, 또 무슨 뾰족한 수가 생기지도 않는 대학 공부를 꼭 해야만 하나……. 점점 명분조차 무너지고 있었다. 내 아픈 가시를 뽑기 위해 남편과 애들에게 또 다른 가시를 심어 주는 게 아닌가 하여 가슴이 아팠다.

그러나 고맙게도 남편은 학교 축제 때도 동행해 주며

"어차피 힘든 줄 알고 시작한 일이니 끝까지 힘내라."

라며 격려해 주었고, 늦게 공부하는 엄마를 대학생 엄마라며 애들은 자랑스러워했다.

그래, 모두가 다 힘든 세월이다. 특히 야간 대학에는 나름대로 어려운 이야기를 간직한 사람들이 많다. 직장인이 많아 1, 2교시 수업은 거의 들을 수 없고, 월말엔 마감 맞추느라 결석하고……. 그러다가 결국 두 사람은 벚꽃이 채 지기도 전에 그만두었다.

그렇게 씨름을 하면서 1학년 첫 학기를 마쳤다. 추운 겨울을 잘 이겨 낸 대나무가 굵은 마디 하나를 만들 듯 지난 100일 동안은 참으로 힘들었지만, 마지막 시험을 치르고 강의실을 나서니 해냈다는 뿌듯함에 기뻤다. 그 옛날처럼 지금의 내 대학 생활도 요즘같이 어려운 상황에선 사치로 비춰질지 모르겠다. 하지만 나는 잃어버린 소망을 되찾는 데 무척이나 오랜 세월과 아픔이 있는 줄 알기에 IMF 복병 앞에서도 무너질 수 없다.

9월이 오면 2학기가 시작된다. 그때 어려운 형편 때문에 또 몇 명의 낯익은 모습이 사라지지 않을까 걱정도 된다. 서로의 격려 속에 여덟 학기를 다 같이 마치기를 바란다. 그리고 그때쯤이면 아내와 엄마를 사랑과 격려로 응원해 준 남편과 두 아들에게 사랑과 감사의 시詩를 선물하리라며 늦깎이 국문과 새내기는 또 하나 소망의 씨를 심는다.

품바 인생

장구 소리, 징 소리, 박수 소리. 나는 어느새 각설이가 되고 있었다. 몸에 걸친 누더기가 처음엔 꺼림칙했지만 내 속에 어떻게 이런 끼가 있었을까 싶을 정도로 각설이 장단에 맞추어 춤을 추었다. 내가 아는 춤은 다 섞었으니, 어쩌면 국적 불명의 몸부림이었는지 모른다. "한 번 더! 한 번 더!" 하며 사물놀이 패를 부추기는 사회자의 소리를 들어 보니 어설픈 각설이가 어지간히 흥은 돋운 모양이다.

오랜만에 멸칫물을 진하게 우려내어 호박 볶음과 오이채를 얹은 국수로 점심을 먹었더니 포만감에 온몸이 나른했다. 모의고사 시험을 코앞에 두고 큰애는 컴퓨터 앞에 앉아서 한창 오락 중이다. 잔소리를 하려다 “에라, 두고 보자.” 하고 거실에 큰대자로 누웠다. 두 그릇이나 비운 국수 때문인지 잠이 자꾸 밀려와 눈꺼풀을 내리덮는 나른한 일요일 오후, 친구로부터 전화가 왔다.

품바 타령 공연에 함께 가자고 하였다. 참석할 결혼식도 없어 모처럼 편히 쉬고 싶다고 거절했더니 친구는 무척 서운해하였다. 미안한 마음도 있었지만 사물놀이, 마당놀이 공연을 좋아하는 남편 생각이 나서 시든 풀에 물 주듯 머리에 대강 물을 칠하여 빗고 입술만 살짝 바르고 나섰다. 그런데 공연장에 들어서는 순간 ‘아차’ 싶었다.

영화나 칠판의 글씨를 볼 때는 준비해야 했는데 서두르느라 안경을 못 챙긴 것이다. 다행히 지정 좌석이 없어서 나는 맨 앞 줄에 앉았다. ‘아니리’가 시작되고 징, 장구, 꽹과리, 북 등으로 굳어 있는 관객들의 몸과 마음을 풀며 공연은 시작되었다. 관심을 하나로 묶으려 품바 타령의 장단을 가르치던 사회자(놀이꾼)가 몇 사람을 불러냈다. 나가지 않을 수 없을 정도로 흥이 돋우어진 분위기에 아주머니 한 분과 빨간 티셔츠를 입고 간 나, 그리고 제대 후 대학교에 복학한 듯한 남학생, 이렇게 셋이 무대에 올랐다.

각설이 장단에 맞추어 춤을 추라는데 양반이라며 늘 입버릇처럼 말하던 남편 얼굴이 먼저 들어왔다. 다행히 안경을 안 낀 덕분에 남편의 황당해하는 표정은 읽을 수 없었다. 관중들의 모습도 실루엣처럼 흐릿하게 시야에 들어와서 마음이 대담해졌다. 세 사람에겐 쭈그러진 깡통이 들려지고 내겐 각설이 옷이 입혀졌다. 더 기울 수도 없을 만큼 낡은 누더기가 묵직하니 내 몸에 걸쳐졌다. 자그마하고 통통한 내가 어지간히 만만했던 모양이다. 첫 순서인 아줌마는 몇 바퀴 돌다가 성의 없이 춤춘다고 무릎을 꿇고, 복학생은 깡통으로 무대 바닥을 치다가 거지들 밥통을 깬다고 두 손 들고 벌을 섰다.

내 순서가 되었다. 에라, 모르겠다. 나는 각설이 옷을 입고 깡통까지 흔들며 막춤을 추었다. 아마 남편은 어제 마신 술기운이 확 깼을지도 모른다. 박수 소리가 박자를 맞추고 음악 소리가 귓전에 울리는 가운데 나는 어느새 신나게 어울리고 있었다. 품바타령을 하던 단원들이

"다분히 묵기네이."

하며 전라도 말로 부추겼다. 내 자리로 들어올 때 비로소 정신이 들었다. 무대 위에서의 내 공연은 성공적이었지만 은근히 남편

의 반응이 걱정되었다. 하지만 이미 엎질러진 물이다. 그런데 남편은 자기 흥에 겨워 나는 안중에도 없었다. "얼쑤, 잘한다, 어이, 그러엄." 추임새도 곧잘 넣으면서 두 시간 가까운 공연 내내 박수를 치며 몸을 흔들고 있었다.

억지로 부추기지 않아도 하나로 어우러질 수 있는 것이 역시 우리 가락이다. 평소에는 격식 차리느라 옆 사람까지 어렵게 만드는 남편이 아이같이 좋아하는 모습을 보니 잘 왔다는 생각이 들었다. '클 거, 알 지, 깨달을 각, 말씀 설'이라며 각설이를 진정한 우리의 삶을 아는 사람이라고 하는 사회자의 해학적인 풀이가 아니라도 우리 가락에는 한을 웃음으로 녹여내는 지혜가 담겨 있었다.

처음엔 옆 사람 눈치 보느라 힐끔거리던 사람들도 장구 소리, 북소리에 어깨까지 들썩였다.

"얼씨구 씨구 들어간다. 아주 품바가 잘도 논다."

어느새 익힌 후렴을 모두 목청껏 따라 불렀다. 장단을 맞추다 보니 손바닥도 얼얼했다. 공연이 끝나고 그래도 은근히 걱정되어 남편 옆모습을 보니 무대에서 시선을 떼지 않고 있다. 안도의 웃음을 짓는 내게 친구는 한쪽 눈을 찡긋거리며 내가 무대 위에 선 것에 신이 나서 소리까지 질렀다고 야단이다.

"아까 그 아줌마네!"

한 꼬마가 스타나 만난 듯이 내게 손짓을 한다. 관객이 장단을 잘 맞추어야 무대 위에서 신명나게 놀 수 있다며 연거푸 추임새를 요구하던 사회자의 모습이 떠올랐다. 요즘 같은 때 우리들의 삶에 정말 추임새가 필요하다는 생각이 들었다. 각설이처럼 힘든 삶을 살아갈 때 서로

"그래, 잘한다. 그럼, 얼씨구."

하며 추임새를 넣어 준다면 주저앉았던 삶이라도 덩실덩실 신나게 일어날 것이다. 이제 나도 누군가 삶이 힘들어 할 때 추임새를 힘차고 신나게 넣어 주는 응원자가 되리라 생각하면서도 내심 걱정이 돼 남편의 팔짱을 슬쩍 끼는데

"잠자다가도 얼씨구 씨구 안 할지 모르겠네."

하고 한술 더 뜨는 남편의 말에 친구와 나는 마주 보며 웃음을 터뜨렸다.

구경꾼으로 갔다가 놀이꾼이 다 되어 신명나게 걸어 나오는 등 뒤로 각설이의 여운이 덩실덩실 따라왔다.

"어허, 품바가 잘도 논다. 어허라! 품바가 잘도 논다."

연분홍 치마가 봄바람에 휘날리더라

인천 큰댁에서 시어머니의 기일을 보내고 대구로 돌아오는 고속버스에서 더운 스팀과 피곤한 탓에 멀미가 심하더니 휴게소에 다다라서야 간신히 정신이 들었다. 멀미약을 먹고 차창에 기대어 산기슭을 바라보니 잔설殘雪이 아침 햇살에 하얗게 부서지고 있다.

"야야, 어떻노? 이제 좀 괜찮나?"

왜 그때 그런 생각이 들었을까? 어머니의 잔잔하고 따스한 음성이 귓전에 울리는 듯하더니 갑자기 눈앞이 흐려졌다. 다행히 창가에 자리 잡아서 커튼으로 슬며시 얼굴을 가렸다. 멀미 때문에 내리 두 시간가량 지쳐 있다가 새록새록 정신이 들어 산과 들을 바라보니 지난날 어머니 생신 때 고향으로 내달던 날이 생각났다.

진달래와 개나리가 붉고 노랗게 새색시처럼 봄단장을 하는 아름다운 봄날에 고향 걸음을 하게 해 주시던 어머니는 따뜻한 봄의 문턱에서 또 우리를 맞으신다. 돌아가신 뒤 제사가 무슨 소용있냐는 말도 했지만 살아 계실 때 제대로 받들지 못했기 때문에 나는 늘 고해 성사를 하는 기분으로 제삿길을 나선다. 당신이 평소 바라셨던 자식의 모습으로 제대로 살아가지 못함과 나약함을 한 번씩 더 담금질하려고 기일忌日은 있는 것일 게다.

피곤해 보이는 남편의 옆모습이 차창에 어린다. 전쟁을 치르듯 힘겹고 바쁘게 살면서 짬을 내어서일까? 차에서도 내내 잠 속을 헤매는 모습이 어머니의 품속에 안긴 것같이 느껴진다. 어릴 때 모습이 깎은 알밤처럼 참했다고 말씀하시던 당신의 그 아들 얼굴에도 어느새 세월의 그림자가 어린다.

제사 모시러 가는 길, 준비하는 과정, 돌아오는 길이 얼마 되지 않는 시간이지만 어머니께서는 살아서 마음속으로 오신다. 아내로서, 엄마로서, 며느리로서, 동서로서 어떻게 살아야 잘 사는 삶인가를 하얀 눈이 되어 말씀해 주신다. 아프고 지치고 서운

한 것 있더라도 욕심 없이 온 산천을 고루 덮어 주는 눈발처럼 그렇게 살라는 말씀이 대구까지 내내 따라왔다.

이제 또 사람 많은 시간 속에 부대끼며 살아가느라 내년 이맘 때까지 어머니를 잊고 살지 모른다. 그렇지만 나는 안다. 그 사랑이 더 엷어지기 전에 또 한 해가 오고, 어머니를 만나고, 더 많이 생각할 수 있으리라는 것을…….

먼 눈[雪] 너머로 봄이 오고 있음에 나도 모르게 입속으로 중얼거리던 노래.

"연분홍 치마가 봄바람에 휘날리더라……."

노랑 저고리, 다홍치마 같은 고운 모습으로 사셨던 당신께서 백설 같은 마음을 지금도 우리에게 내려 주신다. 그것은 아마도 눈감으시고도 못 잊는 자식에 대한 애틋한 정 때문이리라.

옆구리 터진 김밥

어느 여가수가 부른 노래에 '김밥'이라는 특이한 제목이 붙어 있다. 처음에는 소풍이나 여행 등의 내용이 노랫말에 담겨 있겠구나 생각했다. 가수의 이름도 색다르지만 대중가요에 주로 쓰이는 '사랑'이나 '이별' 등의 냄새가 전혀 풍기지 않았기 때문이다.

그러다 우연히 들었는데 하얀 밥알이 검은 김에 찰싹 달라붙는 것처럼 둘이 절대 헤어지지 말자는 재미있는 내용이었다. 사랑의 맹세를 김밥 말듯이 야무지게 말자는 구절에서는 저절로 웃음이 나왔다. '김밥' 노래는 전혀 어울리지 않을 것 같으면서도 가장 현실감 있게 사랑의 동행을 말하고 있었다.

늦깎이로 대학 공부를 할 때, 저녁 끼니를 학교 안 길옆에서 아주머니들이 팔던 김밥으로 때울 때가 많았다. 사무실 운영을 병행하면서 시작한 공부였기에 시간이 빠듯했기 때문이다. 마지막 수업 시간을 앞둔 야간 강의실엔 허기를 느끼는 학생이 많았다. 오후 6시부터 첫 수업이 시작되니 야간 수업에 임하는 직장인들이 여유 있게 저녁을 챙겨 먹고 수업하기에는 늘 시간이 부족했다.

그날도 마지막 수업을 앞둔 쉬는 시간에 미리 사 둔 김밥 봉지를 꺼냈다. 그런데 급하게 가방에 넣어서 그런지 검은 비닐 봉지 안에는 단무지, 부추, 당근 등이 강강술래를 하듯이 널브러져 있었다. 애초부터 가위로 쑹덩쑹덩 썰어서 가지런하지도 않았지만 김밥은 그나마 세 가지뿐인 속을 훤히 드러내고 있었다. 학생들의 주머니 사정을 생각한 가격이라 김의 재질이 문제였는지, 속의 내용물이 너무 꽉 찼는지, 아무튼 김밥은 말 그대로 옆구리가 터져 있었다.

"김밥이 비만이네." 무심결에 한마디 했더니 김밥을 입에 넣던 은주가 웃음을 억지로 참는다. 은주는 첫 시간 수업에 늦지 않으려고 근무처에서 퇴근하기 바쁘게 종종걸음치는 은행원이다. 사람들 살찌듯 김밥도 살이 쪄서 툭툭 불거지다 결국 옆구리가 터졌다는 내 말에 은주는 결국 김밥과 웃음을 함께 터뜨리고 말았다.

이리저리 흩어진 밥알을 줍기 위해 몸을 굽히는데 허리에 군살이 접히는 것을 느꼈다. 언제 불어나는지도 모르게 몸무게가 점점 늘고 있었다. 이른 아침부터 잠들 때까지 부지런히 움직이는데도 계단이라도 오를 때면 한 번씩 숨이 가쁠 정도로 몸이 무거워진 것에 어쩌면 김밥이 한몫을 했을 것 같다. 게다가 무디어진 머리로 몇 시간을 공부하고 지친 몸으로 집에 돌아와서는 라면 국물에 찬밥을 말아먹고서야 잠자리에 들었으니 내 살들은 얼마나 내게 충실했겠는가. 이런저런 걱정을 하면서도 나는 습관처럼 김밥을 입으로 가져갔다.

시댁 모임이 있어서 어른들은 팔공산 자락에 있는 식당으로 모시기로 하고, 집에 남은 애들을 위해 김밥을 준비했다. 그런데 신기한 것은 김이며 밥, 나머지 재료가 모두 같은데도 마는 사람의 손끝에 따라 김밥 형태가 각양각색이었다. 굵은 것, 가는 것, 속이 벌써 터진 것, 너무 많은 내용물에 여며지지 않는 것, 단무지가 빠진 것 등이 마치 바자회 나온 물건들 같았다.

그나마 그중에서 단단하고 깔끔하게 보이는 내 김밥에 아이들이 후한 점수를 주자, 손위 동서는 옆구리 터진 김밥을 슬그머니 먼저 썰으셨다. 그런 형님을 본 시누이는 시험 답안지를 고치듯 느슨한 김밥을 얼른 다시 손질하셨다. 달리기 출발선에 세우듯 김밥들을 나란히 놓고 바라보니 정말 같은 재료로 이렇게 다양한 모습의 김밥이 나올 수도 있구나 싶었다. 속을 더 차곡차곡 넣었더라면, 김이 더 좋았더라면, 그리고 김발로 꼭 꼭 눌러 다졌더라면 하고 바라보니 김밥 마는 것이 마치 인생 같다는 생각이 들었다.

그렇다. 같은 재료로 시작한 김밥의 모양이 여러 가지 모습으로 드러나듯이, 같은 시간과 공간 안에 있는 사람들의 삶도 살아가는 모습에 따라 때론 터지고, 다져지고, 빠지고 할지도 모른다. 김밥의 여러 형태를 보면서 내게 주어진 날들을 꼭꼭 다지며 정성 들여 말아야겠다는 생각을 했다.

이런저런 생각 끝에 단춧구멍 하나 더 늘여 입은 허리를 윗옷으로 슬쩍 가리던 나를 바라보며 터진 김밥을 여미며 먹던 은주의 얼굴이 떠오른다. 그러고 보면 은주는 부족한 부분을 다시 여밀 줄 아는 또 하나의 커다란 지혜를 내게 가르쳐 준 것인지도 모른다. 이렇듯 내게 삶의 여밈을 생각하게 해 준 그 김밥이 오늘은 쉽게 사랑하고 쉽게 헤어지기도 하는 젊은이들에게 사랑의 찰기를 말하는 노랫말로 감기고 있다.

행운목의 부활

3월 초순쯤이었던가? 그나마 좁아 여유 공간이 없는 현관 안에서 겨울을 나고 있던 행운목을 봄이 온 것만 같은 훈훈한 날씨에 밖에 내놓았다. 그리고 바쁜 중에 잊고 있었는데 아! 이게 웬 일인가? 세 가닥의 튼튼한 기둥 모양의 줄기를 만지자 "버썩, 버썩" 하는 소리가 날 정도로 말라 있다. 겨우내 앙상한 계절을 푸르게 지켜 주던 잎들은 데쳐내어 찬물에 헹구지도 않은 채소처럼 색깔이 변한 채 늘어져 있었다.

아뿔싸! 낮 기온이 따뜻하다고 성급한 봄기운을 쐬게 한 것이 밤사이 내려간 온도에 그만 얼게 만든 것이다. 그러나 안타까움도 잠시, '곧 새로 기운을 차리겠지.' 하며 잊다시피 지내다 보니 나무는 점점 말라 가고 있은 땅을 내려다보며 완전히 쳐져 있었다. 줄기를 손끝으로 긁어 보아도 녹색 빛은 오간 데 없고 회색의 마른 빛만 들어 있었다.

'얼어서 완전히 죽어 버렸단 말인가.' 그나마 남편이 사업을 시작할 때 받은 축하 화분 중에서 살아남은 유일한 것이었다. 전에 살던 아파트가 남향도 아니었고 베란다도 따로 없어서 실내에 두었던 화분들은 때 아니게 잎을 떨구었고 급기야는 앙상한 가지만 남겼다. 내 원예 능력이 부족한 건지, 환경이 맞지 않은 건지 아무튼 모두 죽어 버리고 그나마 행운목만은 용케도 버텨 주더니만…….

흉하게 말라버린 잎들을 가위로 잘라 내고 뎅그러니 굵은 기둥 세 개만 남겨 놓았다. 그래도 밑둥치는 살아서 곧 새순이 돋을 거라 여겼는데 며칠이 지나도 감감무소식이었다. 이젠 처리할 문제가 커졌다. 쓰레기 종량제가 되어 그대로 버리면 수거해 가지 않을 것이고 규격 봉지에 담으려니 거의 어른 키만 한 기둥들이 걱정이었다.

그러다 얼마 전

"어, 여기 작은 싹이 돋았네!"

하고 남편이 외치는 바람에 살펴보니 작은 새순이 마른 기둥에 겨우 붙어 있었다. 나무는 거의 죽었는데 새 생명은 낭떠러지에서 줄을 잡고 있는 것처럼 애처롭게 매달려 있었다. 억지로, 정말 억지로 새로운 삶을 또 시작하고 있었다. 남편은 톱으로 마른 기둥들을 잘라 내고 새순이 돋아 나오고 있는 한 뼘쯤만 남겨 다시 화분에 심었다. 그리고 기대는 거의 하지 않았다. 그러나 그런 마음을 비웃기라도 하듯 새순은 가뭄에 물 만난 듯 쑥 쑥 잘도 자라 주었다. 그뿐만 아니었다. 옆에 또 새순을 틔우더니 이젠 마른 줄기마저 녹색이 감돌게 완전한 생명력을 갖추고 있었다. 여린 생명이 죽어가던 큰 줄기마저 살려낸 것이다.

이젠 아침이면 행운목부터 찾는다. 가만히 잎을 잡고 흔들면 새로 얻은 생명을 다시는 잃지 않으려는 듯 흙에 완전히 뿌리를 내렸는지 끄떡도 않는다. 어디에 그런 생명력이 숨어 있던 것일까? 경이로움마저 들었다. 사람들이 외면하거나 잊고 살아도 자기 자리를 지키며 힘든 날을 묵묵히 이겨 온 행운목을 보며 나만 바쁘고, 나만 힘들다고 아우성치던 참을성 없음이 부끄러웠다.

"어쩌면 당신, 모든 일이 잘 될 거예요. 이 행운목 좀 봐요."

말 같지도 않다고 웃을 것 같던 남편도 고개를 끄덕이며 아침

저녁으로 아이 보살피듯 행운목을 돌본다. 보채지 않아도, 보내기 아쉬워도 새로운 날은 어김없이 또 다른 숙제를 안고 우리들 앞에 다가온다.

성급한 내 봄맞이에 거의 다 죽어가던 그 행운목이 가느다란 생명줄을 잡고 다시 물오름을 하고 있다. 조급함으로 인해 일찍 원망하고 주저앉아 버리던 내게 인내의 귀함을 가르쳐 준다. 그러면서 다른 나무들이 무성해지는 계절에 한 줄기 두 줄기 새로운 시작을 알리며 제 계절을 자랑스럽게 맞고 있다.

부석사 가는 길

하늘빛을 가득 머금은 붉은 사과가 손을 뻗으면 곧 닿을 것만 같다. 한가위 앞의 휴일이 넉넉하기도 해서 시댁 가는 길에 도산서원을 들러 영주 부석사로 향했다. 시댁이 예천이라 방향이 가깝기도 했지만 변변한 여행 한 번 못 간 지난여름이 아쉬워 나선 길이다.

서둘러 출발했는데도 도산서원에 들렀을 때는 이미 점심때가 훨씬 지나고 있었다. 해가 지기 전에 시댁에 도착하기 위해선 부석사행은 청량산을 거쳐 가는 길도, 영주를 지나쳐 가는 길도 멀어 보였다. 우리는 안동으로 거슬러 내려와 지도상에서 오천~신평 등을 거쳐 봉화로 가는 지름길을 택했다.

혹시 길이 틀리면 어쩌나 하는 걱정도 잠시였다. 작은 모롱이를 돌아 펼쳐지는 풍경에 탄성이 절로 터져 나왔다. 과수원의 사과나무는 왕복 2차선인 지방도로의 양옆에 금세라도 맞닿을 듯이 가지를 드리우고 있었다. 과수원 둘레엔 탱자나무 가시 울타리도, 낯선 사람을 지켜보는 원두막도 없었다. 사과나무 가지들은 가로수처럼 길옆까지 뻗어 나와 터널을 이룬 듯했다. 게다가 사과의 빨간 빛깔을 더욱 곱게 해 주고 있는 밭 사이의 메밀꽃밭은 그야말로 장관이었다.

"와! 정말 소금 뿌려 놓은 것 같다."

아이들이 탄성을 질렀다. 시골이라지만 시댁 마을에는 메밀 농사를 짓는 집이 없으니까 아마 저희들은 난생처음 보는 메밀꽃이었으리라. 손을 뻗으면 사과 한 알을 잡을 수 있을 것 같은 유혹에 주위를 둘러보는 내 모습을 훔쳐보기라도 한 듯, 작은 다리 아래로 개울물이 졸졸대며 흐르고 있었다.

「소나기」에 나오는 윤 초시네 증손녀와 소년의 사랑이 떠올랐다. 아마 저런 개울가에 앉아 물장난을 쳤겠지? 저기도 작은 조약돌이 있을까? 개울가 기슭에 만발한 갈밭을 보니 나풀거리는 소녀의 단발머리가 떠오르고 건너편 메밀밭에는 달아나던 소년의 수줍은 마음이 숨어 있는 듯했다.

이곳에는 어떤 사람들이 살고 있을까? 추석 귀향으로 온 나라가 민족의 대이동이라고 떠들썩한데도 무척이나 조용한 마을을 바라보며 이것이 바로 고향의 모습이라는 생각이 들었다. 객지에 나가 사느라 지친 가족들의 몸과 마음을 포근히, 또 말없이 다독거려 줄 모든 것이 기다리고 있는 곳.

해 질 무렵이면 저 굴뚝에서도 밥 짓는 연기 나겠지? 이곳에도 열 몇 시간을 달려온 아들딸이 저 개울가에서 밤에는 반두 메고 추억 낚듯 고기 모으는 모습 어우러지겠지? 아들딸이 자라며 맴돌던 강에 세월 따라 감겨 온 손자, 손녀의 재잘거림이 흩어지는 소리에 흐뭇해할 농부들 모습이 그려져 사뭇 부러웠다.

지나가는 풍경에 연신 감탄하며 아이들에게 설명했지만 두 녀석은 장난치기에만 급급하다. 그래, 지금은 한갓 지나가는 풍경이고 시간이지만 아이들이 우리 나이만큼 자라서 삶이 한 번씩 버거워질 때 이 길을 기억해 주었으면 한다. 엄마, 아빠와 함께 달리던 사과나무 밭길과 개울물 소리를 두고 메밀꽃과 갈꽃이 어우러지던 아름다운 마을을. 그리고 눈부시도록 푸른 하늘빛을 떠올리며 한 번쯤 다시 찾아올 수 있는 그런 여유 있는 사람으로 자랐으면 싶다. 그때까지도 아름다운 이 마을은 맑은 바람, 하늘, 갈대밭, 메밀밭, 터널처럼 뻗친 사과나무들도 그대로 간직했으면 좋겠다는 욕심 한 자락 가져 본다.

40분가량을 달려도 마을의 풍경은 한결같았다. 도로 가장자리까지 사과를 주렁주렁 달아 놓은 사람들의 마음은 만나 보지 않아도 느껴졌다. 그림 속을 달린 것 같은 우리들의 이야기는 부석사로 가는 국도에 접어들어 끝나고 말았다. 차들이 경쟁하듯 스쳐 지나가는 굉음 소리에 남편은 아쉬워했다.

"꼭 전쟁 난 것 같구먼. 뭐가 저리들 바쁘지?"

그렇다. 어쩌면 우리는 하루하루를 전쟁 치르듯 살아가고 있는지 모른다. 우리도 더 빨리, 더 먼저 가려고 지름길을 택하지 않았던가. 그러던 우리에게 그 지름길은 잠시 쉬어 가는 여유를 가르쳐 준 보물 같은 길이었다. 아무도 가지 않은 오솔길에 옹달샘처럼 숨겨진, 삶의 화약 냄새가 전혀 배지 않은 그 정경은 목적지에 도달하기 위해 내닫기만 하던 우리들에게 쉬어 가는 여유를 보여 주었다.

여행은 목적지에 도달하는 것도 중요하지만 그 과정을 통해서 더 많은 깨달음을 얻는다고 했다. 부석사로 달리던 길에 옹달샘처럼 나그네의 지친 몸과 마음을 쉬게 해 주던 작은 시골 마을이 고향이 되어 가슴에 안겨 온다. 삶에 지칠 때 고향처럼 찾아들 부뚜막의 가마솥처럼 언제나 온기 머금고 있을 지방도로 옆 작은 시골 모습이 눈앞에 아른거린다.

더 빨리 가려고 지름길로 들어섰다가 그림 같은 풍경에 취하느라 부석사에 닿았을 땐 해가 이미 기울어 제대로 돌아보지 못했지만 우린 아쉽지 않았다. 언제나 부석사의 안양루는 거기에 있을 것이고 일주문을 향해 들어가는 길목의 그 은행나무는 가을을 더욱 농익게 하고 있을 테니까. 남편과 나에겐 추억을 찾아 주었고 아이들에겐 추억을 심어 준 지난 여행은 아름다운 한 폭의 그림이 되어 내 가슴을 넉넉하고 여유롭게 해 준다.

오늘도 바쁘다는 말을 습관처럼 내뱉다가 잠시 하늘을 쳐다보며 상큼한 시간을 주었던 그 시골길을 다시 달려 본다. 그러노라면 그 길, 그 하늘, 그 물, 그리고 그곳 사람들의 마음이 고향처럼 감겨 온다. 그리고 메밀꽃 품에 안긴 빨간 사과가 손끝에 와 톡, 톡 부딪는다.

안단테와 포르티시모

부산에서 치러지는 후배의 결혼식에 참석차 오랜만에 열차를 타게 되었다. 고속철(KTX)을 한 번 타 보려다 바로 출발하는 새마을호 표를 끊었다. 개찰구 안내판에는 연신 고속철의 출발과 도착 시간이 뜨고 그 사이 간간이 새마을호나 무궁화호 시간이 끼어 있다. 고속철과 구분하여 새마을호나 무궁화호는 '일반 열차'로 통했다. 역무원에게 고속철과 일반 열차의 개찰구가 다르냐고 어정쩡하게 물으면서 우리 일행은 왠지 고속철 시대의 '아웃사이더'가 된 기분이었다.

서둘러 나서느라 아침밥을 걸러서인지 속이 출출하여 플랫폼의 매점을 찾았다. 그런데 늘 익숙한 곳에 있던 매점이 보이지 않았다. 두리번거리다 건너편 플랫폼을 바라보니 매점이 새 단장을 하고 고속철 승객을 맞고 있다. 하는 수 없이 열차 안에서 커피라도 한 잔 마실까 하였지만 판매원조차 보이지 않았다. 종착역에 거의 도착해서야 나타난 승무원에게 영문을 묻자 우리가 탄 기차는 열차 두 량이 이어져 있어서 한 명뿐인 판매원이 건너오기가 불편하다고 했다.

자동 개찰구로 통과했으니 일반 열차를 타고는 그야말로 직원은 구경하기조차 힘들었다. 열차가 20분이나 연착되어도 한마디 안내 방송으로 통보받아야 했고, 플랫폼의 매점이나 열차 안에서 받던 서비스까지도 모두 빼앗긴 것이다. 그리고 그 실종된 모든 것은 '가장 빠르고, 쾌적하고, 편안한' 고속철과 그 승객들을 위해 순간 이동해 있었다. 고속 열차의 승객이 아닌 우리는 서서히 외면당하고 있었다.

'소외', 그것은 바로 소외였다. 우리 사회에 슬그머니 들어온 이 새로운 소외가 또 얼마나 우리를 낯설게 할지 걱정이 되기도 한다. 서민들은 새마을호를 타는 데도 망설일 때가 많았다. 업무상 서둘러야 할 때나 좀 더 경제적으로 여유가 있을 때 이용하던 열차였다. 그나마 여럿이 움직일 때는 경비 부담이 커서 선뜻 탈

수가 없었다. 그런데 그 새마을호를 이용하면서도 우리는 이전에 느껴 보지 못했던 낯설음을 느껴야 했다.

새마을호나 무궁화호는 그래도 명맥을 유지하지만 고속철 개통과 함께 전국 대부분의 통일호 열차는 사라져야 했다. 완행열차라는 이름으로 더욱 친숙한 통일호는 단순한 교통수단이 아니라 서민들에겐 기다림을 가르쳐 준 열차이다. 이러한 통일호가 '가장 느림'의 표상이 되어 억지로 허물벗기를 당한 것이다.

통일호는 '천천히, 느린 속도로'의 안단테 가락을 지니고 있었다. 그런데 고속철은 '가장 빠르게'라는 '알레그레시모'의 모습이 결코 아니다. 음악에서 말하는 '빠르다'는 '경쾌함'을 함께 지니고 있기 때문이다. 고속철은 빠르기는 하지만 경쾌하게 다가온 것이 아니다. 그것은 거칠고 세게 다가온 '포르티시모'였다.

우물가에서 물을 청한 나그네에게 아낙이 버들잎을 띄운 물 한 바가지를 대접했다는 이야기에는 갈증 난 나그네가 찬물을 급히 마시다가 몸이라도 상할까 봐 염려하는 마음이 담겨 있다. 어쩌면 기적소리 울리고도 한참 뒤에야 모습을 드러내던 통일호는 급한 삶을 살아가는 우리를 한숨 돌리게 하려는 그 '아낙' 같은 마음을 지녔는지도 모른다.

정거장마다 빠트리지 않고 기다려 주고, 무궁화호나 새마을호가 지나갈 때면 불평 없이 길을 내어 주던 통일호였다. 이러한 통일호의 사라짐은 단순히 완행열차가 없어지는 것이 아니라 서민들의 추억도 함께 사라지는 것이다. '통학 열차', '통근 열차'를 타고 젊음의 터널을 건너왔던 세대들은 아련한 기억 한 조각을 상실하는 것은 아닌지…….

숨 가쁘게 살아가거나 고된 삶으로 지친 사람들에게 통일호가 머물던 간이역들은 삶의 한 쉼표가 되어 주곤 했다. 이런 일상의 쉼표에 대한 잔잔한 그리움을 이제 떠나보내야 하는 것인가? 고속철은 여승무원까지 뽑아서 승객들에게 최적의 서비스를 제공하며 전국을 반나절 생활권으로 만들었다고 자랑한다. 서울에서 부산까지 3시간도 채 걸리지 않는 그 시간에 보살핌 받을 일이 무에 그리 많을까 싶기도 하다.

바삐 사느라 놓쳤던 소중한 것들을 이삭처럼 다시 줍게 해 주던 통일호를 보낸 것이 오랜 친구와 헤어진 것 같아 섭섭하다. 그렇지만 거센 '포르티시모'의 고속철에게 비록 그 자리를 내어줄지라도 통일호의 기적 소리만은 '안단테'의 여운으로 우리들의 가슴에 오래오래 남아 있기를 빌어 본다.

막걸리와 국수

새벽 빗소리에 잠이 깨어 더 이상 잠을 이룰 수가 없었다. 삼촌의 모습이 흔적처럼 떠다니는 꿈을 꾼 탓이다. 덧든 잠을 이으려 뒤척여 보았지만 빗소리만 점점 더 크게 들려왔다.

삼촌의 마지막 흔적을 뿌리던 날도 이렇게 새벽부터 비가 내렸다. 앞차다고 집안에서 모두 입을 댔다던 삼촌은 술병으로 돌아가셨다. 큰 키 때문에 구부정해 보이기까지 하던 삼촌 앞에는 늘 양은 주전자가 놓여 있었다.

초등학교 3학년 때인가? 4학년 때인가? 술 주전자 심부름만큼은 남동생 둘의 몫이었는데 그날은 집에 나 혼자뿐이어서 동생들을 찾던 삼촌은 빈 주전자를 흔들며 나를 다그치셨다. 주저

하며 주전자를 내미는 내게 가게 아줌마는 술단지 속 막걸리를 젓지도 않은 채 바가지로 퍼 담으며 외상값이 밀렸다고 잔소리를 덧붙였다.

친구들이라도 볼까 봐 막걸리 주전자를 등 뒤에 숨긴 채 종종거리며 집에 오니 해장술 탓인지 삼촌은 그새 잠들어 계셨다. 살며시 부뚜막에 걸터앉은 나는 삼촌이 그렇게도 찾으시는 막걸리 맛이 갑자기 궁금했다. 방 안을 기웃거린 후 주전자 코에 입을 바짝 대고 뿌연 액을 몇 모금 홀짝이니 쌀뜨물 색깔의 막걸리가 입안에 텁텁하게 감돌았다. 그리고는 잠에 취했는지 술에 취했는지 부뚜막에서 꼬박대다 삼촌의 호통에 그만 부엌 바닥으로 나동그라졌다.

삼촌은 속이 탄다며 시원한 국수를 찾으셨다. 엄마가 하던 것을 떠올리며 찬장을 뒤져 포대 종이에 감긴 국수를 물과 함께 양은솥에 넣어 연탄불에 올렸다. 시장하다고 채근하는 삼촌의 성화에도 국수는 왜 그리 더디 끓던지……. 얼마나 지났을까? 거품을 내며 들썩거리는 소댕꼭지를 부엌 바닥에 내동댕이치고 말았다. 솥 안엔 온통 하얀 '밀가루 풀국'이었다.

나는 그날 처음 맛본 막걸리가 깨기도 전에 꾸중 때문에 또 정신없이 취했다. 그렇게 막걸리와 속풀이할 국수를 좋아하시던 삼촌은 장가도 못 가본 채 서른 중반을 겨우 넘기고 돌아가셨다. 그리고도 오랜 시간이 지난 뒤에야 나는 신체상의 이유로 결혼을 할 수 없었던 삼촌의 갈등을 알았다.

삼촌은 원래부터 술에 찌든 모습이 아니었다. 추운 겨울날, 삼촌의 월급날이면 나는 초저녁부터 삼촌을 기다렸다. 삼촌의 낡은 가죽 점퍼 안쪽에서는 어김없이 따끈한 호떡 봉지가 나왔다. 삼촌이 사 온 수박에 바늘로 깬 얼음을 섞어 양재기 가득 만들어 먹던 화채는 지금도 삼복더위면 내 삶의 마들가리에 달고 시원한 맛으로 찾아든다.

일요일이면 삼촌의 출근용 자전거는 어김없이 우리 삼 남매 차지였다. 막냇동생은 자전거 앞 짐받이에, 나와 큰동생은 뒤 짐받이에 앉아 삼촌 허리를 바짝 붙잡고 동촌 강으로 갔다. 삼촌이 그물을 간추려 강물 위에 던졌다 건져 올리면 우리는 그물코에 매달린 물고기를 통에 빼 담으며 입술이 새파래지도록 하루해를 보내곤 했다.

유난히 삼촌을 따랐던 나는 영화를 좋아하는 삼촌을 따라 초등학교 입학 전부터 극장을 들락거렸다. 몰래 뒤를 따라가서 매

표구 앞에서 갑자기 나타나는 나를 삼촌도 어쩌지 못하셨다. 그 덕에 어린 시절부터 가수들이 극장에서 하는 쇼도 볼 수 있었다. 삼촌의 무동을 타고 눈이 빨개지도록 울며 본 영화 「저 하늘에도 슬픔이」 장면은 지금도 잊을 수가 없다.

나는 삼촌이 사다 주신 만화책을 보며 일찍 한글을 깨쳤다. 그래서인지 유난히 책 읽기를 좋아하자 삼촌은 칠성시장 근처의 헌 책방을 뒤지셨다. "밥은 굶어도 공부는 해야 한다."라고 하시며 『어린이』, 『새소년』, 『어깨동무』 등 잡지를 한 권 값에 여러 권을 꼬박 꼬박 사다 주셨다. 학교에서 상장이라도 받으면 온 동네 아저씨들에게 '자랑 술'을 사셨다. 그런 삼촌이 계셨기에 나는 일찍 돌아가신 아버지의 빈자리를 느끼지 못했는지도 모른다. 그렇게 내 감성을 키워 주셨던 그 기억들은 자라면서 목에 걸린 생선 가시처럼 늘 나를 아프게 했다.

그러나 조카들에게 점점 더 애정을 쏟을 무렵, 삼촌의 청춘은 이미 시들고 있었다. 차돌에 바람 들면 푸석돌보다 못하다시던 할머니의 안타까움에도 아랑곳없이 삼촌은 점점 푸서리가 되어 갔다. 변해 가는 삼촌의 모습을 이해하기에 나는 너무 어렸을까? 삼촌을 이해하기보다는 점점 삼촌 곁에서 멀리 달아나던 나는 어느 순간부터 오히려 삼촌을 미워하기 시작했다.

그러던 삼촌은 밥 대신 허기를 채워 주던 마지막 막걸리 한 잔을 채 비우지 못하고 삶을 마쳤다. 식구들은 후손 하나 남기지 못하고 떠난 삼촌의 시신을 화장하여 강에 훌훌 띄워 보냈다. 그렇게 나들잇벌도 제대로 입지 못하고 먼 길 떠난 삼촌의 흔적은 강물 따라 흘러갔다.

물 따라 흘러간 아련함 때문일까? 조카들을 위해 자신의 아픔까지 술로 참아내던 삼촌을 그렇게 슬프게 보낸 내 가슴에 삼촌은 자꾸만 비가 되어 내린다. 부뚜막의 막걸리 맛이 입 안에 돌고, 혹시 국수라도 삶을 때면 나는 언제나 '밀가루 풀국'이 떠오른다. 그럴 때면 어느새 내 가슴에 삼촌은 감성 깊던 청년의 모습으로 되살아난다.

그리움이란 철이 들수록 옹이가 되나 보다. 삼촌에 대한 아린 기억은 앙금처럼 앉아 있다가 내 삶의 갈피에서 한 번씩 일렁인다. 이제 철없고 빳빳하기만 하던 내 세월도 숨이 죽는 것일까? 내 매정한 기억 속에서 너무나 외로웠을 삼촌을 생각하며 나는 오늘 삼촌의 '빈 잔'이 되어 본다. 지금은 더 좋은 막걸리도 사 드릴 수 있고, 못 마시는 술이지만 대작도 하면서 삼촌 가슴속의 응어리를 풀어 줄 수 있을 만큼 내 세월도 나이를 먹었음이리라.

달아나 버린 잠에 이른 아침을 준비하러 쌀을 씻는데 쌀뜨물이 삼촌이 그렇게나 좋아하시던 막걸리 빛깔 같아서 또 눈앞이 흐려진다. 앞치마로 눈을 훔치고 바라본 창밖에는 술 고프고 마음 고픈 사람 있으면 받아 주고 채워 주라는 듯 술 같은 비가 계속 내리고 있다.

고구마밭 둔덕에 계신 아버지

할아버지들의 머리카락이 한 달에 한 번씩 아파트를 방문하는 자원봉사자들의 손 사이에서 은빛으로 반짝인다. 풍성하고 검던 머리카락 속에 쌓인 정열을 세월의 갈피에 다 쏟아붓고 이제 몇 올 남지 않은, 그나마 추수 끝난 들녘의 볏단처럼 퇴색된 머리카락 사이로 드러난 빈자리가 휑뎅그렁하다. 할아버지들의 머리를 정성껏 다듬는 미용사들의 손길 사이로 아버지의 산소를 다듬는 손길이 사르르 감긴다.

추석 두 주일 전, 결혼하고부터는 추석에 찾아뵙기 어려웠던 친정아버지의 산소에 큰동생네와 성묘 겸 벌초를 갔다. 빨갛게 익어 가는 사과가 주렁주렁 열린 과수원을 지나고 시원한 못을

끼고 돌면 아버지께서 누워 계신 고구마 밭둑 언저리가 나온다. 대구 근교의 시립공동묘지에 도시 개발의 바람이 불어 어렵사리 고향으로 아버지 묘를 옮긴 지도 스무 해가 훨씬 넘었다.

아직은 볕이 따가워 우리들의 벌초 발길은 무성하게 자란 풀과 땀으로 범벅이 되었다. 청하지 않은 억새가 깃대를 높다랗게 꽂고 자라고 있는 산소엔 산딸기와 아카시아 줄기가 칭칭 감고 있다. 낫으로 큰 이음매를 자르고 동생은 능숙하게 아버지의 산소를 다듬었다. 요즘은 예초기를 쓰는 경우가 많으니 그렇게 하자고 해도 동생은 아버지의 머리를 기계로 날치기하듯 깎을 수 없다고 했다. 낫질에 잘려 나간 풀을 걷어 내니 봉분이 단정한 모습을 드러냈다.

아버지는 암 덩어리와 싸우면서도 소다 한 줌으로 속을 삭이셨고, 처음으로 한 진료는 사망 신고까지 내게 한 마지막 진료가 되었다. 그 후 우리 삼 남매는 한 번도 제때 수업료를 낸 적이 없을 만치 힘든 시간을 보냈다. 그 아픔찬 시간은 어머니마저 떠나게 만들었고 맏이로 모든 짐을 짊어진 나는 부모님에 대한 그리움보다는 야속함과 원망으로 더 많이 힘들어 했다.

올해는 아버지의 산소 아래에 새 둥지를 튼 표석이 같이 맞이해 준다. 아버지 곁에 잠든 동생이다. 세 살 때 아버지를 여읜 막냇동생은 제대로 뿌리내리지 못한 삶을 아칫거리며 살던 중, 간에 종양까지 안았다. 동생은 아카시아꽃이 눈이 부시도록 하얗게 흩날리던 날, 아버지가 우리를 못내 가슴에서 떨어내지 못했듯 남은 자식에 대한 걱정을 마지막까지 안고 그예 모지랑이 같은 삶을 내려놓았다.

동생은 선산의 할머니 곁에 가고 싶다고 했다. 아버지 잃은 어린 손자를 품에 안고 애면글면 애쓰던 할머니가 그리웠던 모양이다. 아버지는 왠지 낯설다고 했다. 하긴 겨우 세 살 무렵에 아버지와 이별했으니 아버지에 대한 기억이 채 들기도 전이었을 것이다. 동생의 유골을 아버지 산소 밑에 묻었다. 근처에는 할머니 산소도 있어서 동생은 오랜만에 마음껏 응석을 부릴 수 있을 것이다. 아버지는 오랜 시간 헤어져 있던 아들을 알아보셨을까? 너무 일찍 온 막내아들을 가슴에 안으며 아버지는 아마 많이 아프셨을 것이다.

깔끔하게 정돈된 아버지 산소 앞에서 절을 하던 나는 일어나지 못하고 그 자리에 주저앉고 말았다. 아버지의 훈기를 잃고 살아온 긴 시간, 그간의 아픔이 하염없이 터져 나왔다. 당신이 누우실 한 뼘의 땅조차 허용되지 않던 힘든 현실에서 아프게 살아갈 자식들을 생각하며 얼마나 안타까우셨을까 생각하니 못내 송구스러웠다.

기계 힘을 빌리지 않고 가위와 작은 빗으로 조심스럽게 손질하는 미용사들의 손길이 아버지의 산소를 정성스레 손질하던 동생의 손길처럼 느껴진다. 이발을 마친 할아버지 한 분이 껌 한 통을 미용사의 손에 쥐여 주신다. 당신들이 젊었을 때 베풀었을 사랑에 비하면 자그마하기만 한 봉사자들의 손길을 더없이 고마워하시는 모습 속에 고구마밭 둔덕을 내려오는 우리들의 등 뒤에 시원한 바람으로 불어 주는 아버지의 모습이 어린다.

아버지의 산자락에도 이제 가을빛이 짙어지고 있을 것이다. 가난하지만 모여 피는 모습이 착하다고 좋아하시던 들국화, 그 소박한 꽃을 한 아름 안겨 드리고 그동안 하고팠던 이야기를 조곤조곤 풀어 놓고 싶다. 그때 산등성이를 넘어 따라오는 바람은 어쩌면 딸의 얘기에 귀 기울이시는 아버지의 마음이리라.

"이젠 맘 편히 살아래이."

시간은 유장히 흘러갔지만 아버지의 당부는 늘 그리운 울림으로 남아 있다.

가죽나물

우리 집 장독대 옆에 서 있던 가죽나무에 새순이 돋을 때면 아버지 밥상에 가죽나물 무침이 오르기 시작하였다. 그렇게 집이 넓지는 않았지만 마당에 작은 우물도 자리 잡고 있었다. 우물 옆 장독대에 그늘을 드리워 주는 포도나무도 아버지께서 때맞춰 가지치기를 하여 잘 자라게 해 주었다. 그리고 우물 옆에 노랗게 피던 그 꽃들은 황매화인 것을 나중에야 알았다.

그 집에 봄이 오면 아버지 밥상에도 봄이 오르기 시작했다. 어머니가 계셨지만 아버지께서 드시는 반찬을 장만하시는 것은 늘 할머니 차지였다. 그중에 아버지께서 유난히 좋아하시던 가죽나물을 정갈하게 무쳐서 아버지 밥상에 가지런히 올려놓는 것은 아들에 대한 할머니의 사랑 표현이었다. 아버지의 밥상에는 왠지 더 맛있는 반찬이 있을 것 같아서 밥상머리에서 아버지가 남기신 반찬을 기다리던 나였지만 그 나물만은 절대 욕심내지 않았다. 아버지는 왜 그런 나물을 좋아하시는지 의아했다. 그런데도 아버지는 그 가죽나물 하나만 가지고도 밥 한 그릇을 뚝딱 해치우셨다.

봄에 나는 새순 중 가장 맛있는 것 중에 속한다는 가죽나무 순인데 나는 이 나물을 좋아하지 않았다. 아버지는 가죽나무 향이 좋다고 하셨지만 나는 오히려 그 냄새가 싫었다. 왠지 비릿한 냄새가 역겹다는 생각까지 들었다.

그런데 몇 해 전 친정 제사에 참석했을 때 올케 언니가 만든 가죽나물을 남편이 아주 맛있게 먹는 것을 보았다. 연신 입맛을 다시며 먹는 것을 보고 올케 언니는 얼마 남지 않은 가죽나물을 모두 담아 주었다. 집에 와서도 냄새를 맡기 싫어 얼른 접시에 덜어 놓고 돌아서곤 했는데 남편은 그 옛날 아버지께서 맛있게 밥을 드시듯 가죽나물을 반찬으로 해서 밥 한 그릇을 금세 비웠다.

남편은 그동안은 내가 가죽나물 반찬을 하지 않아서 해 달라고 하지 않았다 했다. 짭짤한 맛이 일품이라는 남편의 반응이 의

아했는데 그 뒤로도 가죽나무에 새순이 돋을 쯤이면 가죽나물 타령을 하여서 올케 언니에게 부탁해서 얻어 오기를 몇 해 되풀이했다.

그러다가 올봄에 장을 보던 중 가죽나무 잎이 눈에 들어와 판매하시는 분께 요리법을 묻고 얼마를 사서 장만했더니 남편이 무척 좋아하였다. 처음에는 손질하는 방법이 어색해서 나물에 물이 자꾸 생기기도 했지만 올케 언니에게 묻기도 하여 그 다음에는 제법 모양새를 갖추었다. 맛있게 먹는 남편을 지켜보며 내가 싫어한다고 하여 그동안 마련하지 않았던 것이 미안하고 한편으로는 아버지께서 그렇게 좋아하던 나물을 남편이 좋아한다는 것이 신기했다.

이젠 가죽나물 손질하는 법도 많이 익숙해졌다. 새순을 손질하여 소금에 약간 절인 후 씻을 때는 가죽나물 특유의 냄새가 배어나지 않도록 살살 달래듯 헹군다. 물기를 알맞게 뺀 후 마늘, 깨소금, 진간장을 섞은 고추장 양념에 조물조물 버무리면 제법 모양이 난다. 통에 찹찹하게 담고 통깨를 솔솔 뿌리면 깨 눈 내린 듯한 가죽나물이 입맛을 돋운다.

가죽나물 무침으로 밥 한 그릇을 맛있게 잡수시던 아버지는 내가 초등학교 3학년 때 학급 부반장이 되어 임명장을 휘날리며 대문을 들어서던 날, 돌아가셨다. 3월이었으나 음력으로는 2월이었다. 아직 가죽나무에 새순이 돋지 않을 때였다. 그때 나는 아버지가 돌아가셨다는 슬픔보다는 부반장이 된 것을 아버지께 자랑하지 못한 것이 더 속상했던 철부지였다.

할머니, 어머니, 고모, 삼촌 등이 계셔서 어린 내게는 슬픔이 그렇게 와 닿지 않았는지 모른다. 아들을 먼저 보낸 그해 봄부터 할머니는 가죽나물을 무치지도, 말려서 부각을 만들지도, 고추장 단지에 박아서 장아찌를 만들지도 않으셨다. 그 후로도 가죽나무는 봄이면 어김없이 새순을 피웠지만 우리 가족은 아무도 그 가죽나무의 순을 따지 않았다.

그런데 이제 그 나물을 남편이 아버지처럼 밥상에서 찾는다. 아주 오래 전, 아버지께서 맡으시던 그 향기를 남편이 맡는다. 시간과 공간을 한 번도 같이한 적이 없는 장인과 사위인데 이렇게 음식으로나마 이어지는 것일까? 비릿한 냄새 때문에 선뜻 만지지 못했던 나물을 손질하며 세월 속에 잠자는 아버지를 불러 본다. 자줏빛 가죽나물 사이로 아버지의 봄이 사르르 스며든다.

가죽나무의 새순이 나를 아버지의 세월 속으로 데려간다. 그래서일까? 그때의 아버지보다 훨씬 나이가 들었는데도 나는 오늘 아버지가 정말 보고 싶다.

이젠 꽃을 봐도 되겠니

3월의 봄이 붉고 노란색이라면 4월의 봄은 하얀색이다.

"아빠, 밖에 꽃이 참 예쁘게 핏데이."

질녀가 막냇동생 귀에다 입을 갖다 대고 조곤조곤 속삭인다. 어른 무릎 높이에서 멈춘 창틀이지만 그곳까지 가야만 꽃이 보인다. 병실 침대에서는 5층 아래 피어 있는 개나리가 보이지 않는다. 두어 발자국만 디디면 닿는 창문까지 가는 길이 동생에겐 천 리 길이다. 한 발자국도 다가가지 못한다. 나무 둥치처럼 딱딱해진 다리, 복수가 가득 찬 배로 가쁜 숨을 내쉬는 동생 대신 입원할 때 입고 왔던 두툼한 외투가 낯선 옷걸이에 걸린 채 바뀐 계절을 맞았다.

"내 나갈 때까지 개나리 안 지고 피어 있겠재?"

조금만 시선을 돌려도 보이는 꽃, 한 발만 딛고 서도 보이는 그 꽃을 끝내 한 송이도 못 보고 동생은 봄날의 아지랑이가 되어 떠났다.

참 신기하기도 하다. 그렇게 가지 않을 것 같은 시간 속에서도 봄은 또 꽃으로 다시 피고 세월은 기적 소리에 묻혀 지나갔다. 수업을 하다가 간간이 들리는 기차 소리에 잠시 멍하니 있을 때가 많다. KTX 기차가 달리는 소리는 쏜살같이 달아나는 것만 같아 얄밉게 들리는데 무궁화호 기차 소리는 그리운 사람을 문간에서 부르듯 귓전에 머물다 간다. 동생을 떠나보낸 후 위로의 말처럼 들리던 기차 소리다.

3월의 봄은 KTX처럼 스치듯 지나가지만 4월의 봄은 무궁화호처럼 머물러 준다. 경부고속도로와 4번 국도를 양옆에 두고 달리는 경부선 무궁화호는 이용객이 뜸한 시골 역은 그냥 지나친다. 그중에 한 곳이 대구역에서 출발하면 첫 번째 멎는 신동역이다. 이용하는 사람이 줄어들어 하루에 두 번만 살짝 점찍듯 섰다가 간다. 하지만 역사驛舍의 모습과 잊지 않고 들러서 안부를 묻고 가는 기차 소리만은 여전히 정겹다. 그 기차 소리를 듣고 아카시아꽃이 송아리를 맺기 시작하면 4월이 시작된다.

지난 시간을 돌아보니 무지렁이처럼 살지 않았나 싶다. 지고 있던 짐도 슬며시 부려 놓고 싶은데 돈이 생기면 쓸 곳이 먼저 손님처럼 기다리듯, 내게 있어 일이 늘 그렇게 기다리고 있는 듯했다. 동생이 병원에 입원해 있을 때, 퇴근길에 병원에 들러 간호하다가 밤늦게 파김치가 되어 집에 올 때도 꼭 그런 마음이었다. 오랜 간병으로 올케도 지쳐 있었으므로 그때는 그 짐이 내게서 사라지면 모든 일을 더 여유 있게 해낼 것 같았다. 그런데 그 동생을 보내고 봄, 여름, 가을, 겨울을 보냈는데도 여전히 힘이 든다. 여전히 일상 속에서 허우적대고 있다. 그러고 보면 그 허우적댐은 오랫동안 걱정으로 자리 잡았던 동생 때문만은 아니었던 게다.

"누님, 쪼매만 더 있다 가면 안 됩니꺼?"

'누나'라고 부르며 억지도 많이 부리던 막내가 '누님'이라고 존칭어를 쓰면서 바라보던 그 젖은 눈을 잊을 수가 없다. 환자들의 평안한 잠자리를 기원하는 마지막 기도 방송이 병원 안에 흐르면 일상이 일생의 업인 듯, 서둘러 병실을 나섰다. 그런 내 뒷모습을 보면서 동생은 그 무서운 시간을 얼마나 외롭게 견뎌냈을까?

병원에서 머물다 집에 올라치면 차마 붙잡지 못하고 더 있어 주었으면 하고 바라보던 눈이 떠올라 동생이 아프던 시절에 피던 꽃들은 차마 바라볼 수가 없었다. 나는 유난히 꽃을 좋아한다. 하지만 이울 대로 이울어 죽음의 문턱에 있던 동생을 생각하면 그 꽃을 보고 환호하는 것도 살아 있는 자가 누리는 사치인 것만 같았다.

목련 꽃잎이 젖은 휴지처럼 속절없이 뚝 떨어져 버리던 날은 참으로 허무하기도 했다. 그러나 그 마음을 달래듯 보랏빛 제비꽃과 노란 민들레가 주단처럼 깔리는가 싶더니 금세 사원 벚꽃도 내려앉았다. 이렇게 시간은 색으로 이어지고, 그 색 따라 피고 지고, 지고 피며 그리움은 조금씩 엷어질 것이다.

동생을 보낸 후 또 봄을 맞는다. 붉은색이 곱게 번지던 3월의 봄이 머물다 간 자리에 이제 꽃들이 여름으로 가는 계절을 이어받을 것이다. 그동안 눈물처럼 하얗게 번지던 이팝꽃과 지천으로 수놓으며 아카시아꽃이 필 때는 차마 뱉지 못했던 말을, 개나리가 핀 모습을 꼭 보고 싶다던 동생에게 조심스레 건네 본다.

"이젠 …… 꽃을 봐도 되겠니?"

봄바람, 꽃바람이 분다. 이젠 더 이상 꽃을 보며 아파하지 말라는 동생의 대답인 듯 아카시아꽃이 하얗게 일렁거린다.

2
외로운 세월

어느 정도의 삶을 살아
면역이 생겼을 것 같은 나이에도 외롭다는 것에는
항체가 생기지 않는가 보다

이사

묵은 장腸을 청소하듯 집안 정리를 했다. 정리라기보다 아예 처리한다는 것이라고 해야 할 것 같다. 어느덧 살림살이가 낡아 쓸모없는 것도 많아졌다.

살고 있던 아파트를 재건축하게 되어 근처의 주택으로 이사를 했다. 새로 짓는 아파트가 완공될 때까지 머물고자 했던 집에서 초등학교 5학년이었던 큰애는 고등학교까지 마쳤다. 뒤이어 고등학교에 진학한 작은애의 교통편 때문에 궁리 끝에 이사하기로 한 것이다.

때 이른 감은 있지만 여름을 갈무리할 겸 옷가지를 정리했다. 그런데 그새 다 자란 애들의 흔적이 한 바구니나 되었다. 언제 이렇게 자랐을까? 몽당연필처럼 된 애들의 옷을 보니 세월의 흔적이 새삼 느껴졌다. 큰애 것은 동생 주려고 늘 간수해 두었는데 이젠 작은애도 훌쩍 자라 서랍을 차지한 것만도 한 보따리다.

옷장을 여니 몇 년째 외출 한 번 하지 못한 옷들이 어깻죽지에 세월의 먼지만 듬뿍 덮어쓰고 있다. 해마다 계절이 바뀔 때면 정리하려다 또 걸어 놓곤 하길 여러 번이다. 이젠 유행도 지나고 크기도 맞지 않아 미련 없을 법도 하건만 무에 그리 아까워 그나마 좁은 집을 더 좁게 하면서 보관했는지…….

아직도 입기에 괜찮은 것들을 정리해서 개켰다. 살아온 흔적이 몇 보따리나 되었다. 머뭇거리다가는 다시 집어넣을 것 같아 내친김에 동네 세탁소로 가져갔다. 헌 옷 수집을 한다는 안내판이 붙어 있던 것이 떠올랐기 때문이다.

각질처럼 벗겨져 나간 옷들이 어딘가에서 필요한 사람들과 또 새로운 이야기를 엮겠지 여기면서도 왠지 삶의 한 흔적을 버린 것 같아 허전했다. 마치 하나라도 잃지 않으려 안간힘을 쓰며 살아온 내 지난날들을 떠나보낸 듯했다.

어느덧 나이도 꽤 먹었다. 녹음처럼 우거졌고 태양처럼 열정적이던 시간을 보내고 가을의 잎새에서 내 계절을 본다. 연륜은

잃음으로써 얻고 벼는 익을수록 고개를 숙인다는데 그동안 나는 세월 따라 익지도 못하고 가라지처럼 빳빳하게만 살아온 게 아니었을까.

그나마도 짧은 가을의 꼬리를 밀어내려는지 며칠째 오락가락하던 비로 싸늘해진 날씨가 옷깃을 더욱 여미게 한다. 이사 한 번씩 하며 살림의 먼지 털 듯 이제 나도 삶의 먼지를 털어내야 할 때인 것 같다.

단풍 드는 모습이 마치 사람들 정들 듯 은근해 보인다더니 나무들마다 정을 담뿍 안은 잎들이 계절을 옮겨 가고 있다. 갓난아이 젖니 돋을 때 잇몸 비비대듯 힘들게 봄을 뚫고 나왔던 새싹들이 계절을 물들이며 옷을 벗는 것을 보니 가을이 깊은가 보다.

욕심 없는 가을바람을 가슴으로 안는데 군데군데 물들어 가는 나무들 사이에서 유달리 앙상한 가지의 대추나무 한 그루가 눈에 들어온다. 얼마 전까지만 해도 불그스레한 알을 한 아름 달고 있던 나무다. 다른 나무 다 잎 돋고 난 뒤 느지막이 싹 틔운다고 양반 나무라고까지 한다는, 그 대추나무가 먼저 잎을 떨구고 있다.

순된 그 계절 앞에서 아금받게 살아온 날들을 부끄러워하는 마음을 눈치라도 챈 것일까? 대추나무가 붉게 물들인 고운 몇 잎을 마지막 떨림으로 내게 내려놓는다. 이제 나도 가을의 끝자락에서 내 삶의 이삿짐을 꾸려 본다.

외로운 세월

오랜 더위 끝에 비를 안아서인지 신천新川을 흐르는 물소리가 더욱 기운차다. 잔디밭에 누우니 풀 냄새가 묻어난다. 몰아쉬는 숨결에 더운 기운이 흠뻑 묻어 있는 것을 보니 찌는 날씨에 풀도 어지간히 지쳤나 보다.

해가 많이 길어졌다. 어느새 이렇게 여름이 짙어졌는지, 정신 없이 바쁘게 살아왔다. 초록이 온 강둑을 진하게 뒤덮은 강변에서 지압용 자갈 위를 걸어 보았다. 사람들이 여유롭게 밤나들이를 즐기고 있다. 밤은 사람들을 편안하게, 그리고 친근하게 한다. 밤은 또 격식에 매여 답답하게 살아가는 사람들의 넥타이를 풀게 만든다. 옷이 가벼워지니 마음도 가벼워진다. 둔치를 따라 걷거나 뛰는 사람들이 신천을 더욱 활기차게 만든다.

대봉교를 지나 상류로 조금 올라가면 옥잠화가 무리 지어 있는 밭이 나온다. 하늘이 고스란히 드러나는 이곳에 오면 왠지 마음이 편안해진다. 하늘이 넓으니 별도 더 많아 보인다. 옥잠화는 벌써 꽃을 접고 빈 꽃대를 밀어 올리고 있다. 다른 꽃들이 아직 화사하니 남아 있는데도 먼저 가을을 준비하는 것일까? 앞서 이우는 모습이 마치 달뜬 여름을 달래는 듯하다.

여름밤은 젊고 활기차다. 내일을 위해 달리거나 휴식을 취하는 둔치의 사람들은 보는 것만으로도 덩달아 힘이 솟는다. 세 살쯤 됨 직한 사내애가 뒤뚱뒤뚱 걷다가 넘어지자 젊은 엄마가 쏜살같이 달려와 품에 안는다. 스무 살쯤 되었을까 말까 한 남녀가 물가에서 어깨를 맞대고 도란도란 이야기를 나누고 있다. 밤이 이슥한데도 그 은밀한 속삭임이 전혀 야해 보이지 않는다. 이렇게 밤은 한 장의 화폭에 여러 가지 그림이 담겨도 어색하지 않고 조화롭다.

하늘을 잊고 산 시간들이 얼마나 많았던가? 유난히 투명한 하늘을 보며 별을 세는데 바람 타고 들려오는 소리가 있다.

"오늘은 또 여기서 아지매하고 한참 시간 잘 때웠심더."

"영감 죽고 나니 사진만 봐도 눈물이 나니더."

"얼마나 애들이 그리운지."

"그래도 아-들은 하나도 안 보고픈가 보데요."

예순이 넘음 직한 여인이 저만치 떨어져 있는 나무 의자에서 누군가와 이야기를 주고받고 있다. 애써 엿듣지 않아도 그들이 나누는 이야기들이 풀밭을 건너왔다. 얼마 전에 남편을 여의었다는 한 여인의 이야기를 옆의 여인이 조용히 들어 주고 있었다. 간혹

"나도 처음엔 그랬어요."

"많이 힘들지요?"

하며 상대방의 허한 속내를 받아 주는 모습이 얘기를 미루어 보아 처음 만나는 사이라는데도 마치 지기지우知己之友 같다.

장례를 치르자마자 지날결에 잠시 다녀간 손님처럼 떠나간 자식들이 야속하더라는 여인의 말에 물기가 묻어 있다. 아무리 도시생활이 시간 내기 빠듯할 정도로 바쁘다고 하나 떠난 뒤로 점점 간격이 뜸해지는 안부 전화도 섭섭했을 것이다. 이제 남은 시간을 홀로 잠들고 홀로 밥을 먹어야 할 그 시작이 이렇게 낯설고 힘들 줄은 차마 몰랐을, 그 여인의 여름이 아프게 가슴에 와 닿았다.

어느 정도의 삶을 살아 면역이 생겼을 것 같은 나이에도 외롭다는 것에는 항체가 생기지 않는가 보다. 무엇으로도 채워질 수 없는 별리의 아픔, 그 빈자리를 채우려 나온 여인은 어쩌면 남편을 잃은 슬픔보다 자식들이 너무 빨리 잊고 지내는 것이 더 서운했을 것이다. 그래서 잉걸불처럼 타는 속을 식히려 강바람을 맞으며 들풀에게 속내를 다 털어놓곤 했으리라.

신천의 둔치는 젊어 보인다. 그런데 신천은 그 여인의 모습처럼 다양한 세월을 안고 있었다. 묵새기며 그냥 흐르는 것만 같아도 사람들의 이야기를 모두 듣고 있는 듯 신천이 은연하게 흐른다. 물을 갈무리하던 보洑를 틔웠는지 평소보다 많이 흘러가는 물을 가르며 물오리들이 기슭으로 헤엄쳐 온다. 캄캄한 어둠 속에서 밤을 거두는 신천의 풀들. 그 이름 모를 풀들은 가만히 품을 벌려 물오리들을 보듬는다.

어쩌면 여인은 물오리처럼 강기슭에 와서 마음속 허전함을 얘기하며 쉬어 가곤 했을 것이다. 남편의 흔적이 있는 빈집으로 가면서 그래도 오늘은 낯선 이와도 말동무가 되어 시간을 때웠으니 밤잠을 설치지 않을 거라던, 그 여인의 외로움이 오래도록 가슴에 무늬진다.

외로움이란 살아온 세월이 벗어 놓은 허물 같은 것이라면 언젠가 내게도 저 여인의 나이와 같은 세월이 내려앉을 것이다. 그리고 내 나이만큼의 외로움을 간직해야 할지도 모른다. 아니 그럴 것이다.

젊음과 늙음이 같이 감겨 돌아가는 신천新川의 밤은 어느새 모두에게 공평하게 내리고 있다. 조용히 걸어가는 여인의 어깨 위로 하얗게 별이 쏟아진다. 오늘 밤엔 귀밑머리 풀고 만났던 임을 꿈속에서라도 만나 외로운 마음을 풀어내고, 내일부터는 그 세월이 더 이상 외롭지 않기를 빌어 본다.

가시

언론에 유명인들의 학력 위조 사실이 밝혀지면서 연일 화제가 되었다. 학력……. 별것 아닌 것 같으면서도 내게도 아픈 가시였던 때가 여러 번 있었다.

공무원 근무 중 결혼을 하여 살림에만 전념하던 어느 날 '전산 편집 부문 주부 사원 공채'라는 신문사의 사원 모집 공고에 눈이 멎었다. 가사와 육아가 가치 없는 일은 아니지만 왠지 점점 무뎌지던 차였다. 하루 4시간 근무라는 내용도 내게 마침맞는 조건이었기에 얼른 응시 원서를 냈다. 젖먹이를 달래 가며 밤샘 공부를 한 끝에 일반 상식, 한문 등의 필기시험과 워드 프로세스 실기 시험을 거쳐 1등으로 합격을 하였다.

그렇게 하여 신문사 전산편집부에 근무하던 중 부사장님께서 '기자'로 특별히 채용하는 기회가 있으니 추천을 하겠다며 말씀하셨다. 처음 시도한 주부 사원 모집의 결과에 흡족해하셨고 또 평소에도 입사 성적이 우수했다며 격려를 해 주시던 분이기에 그냥 한 말은 아닐 것이라고 생각했다.

그날부터 나는 기자가 되는 꿈을 꾸었다. 신문기자! 얼마나 멋진 직업인가. 현장감 있는 취재와 설득력 있는 문장으로 최선을 다하리라는 옹골찬 각오까지 했다. 마음은 이미 기자가 된 듯 설레었다. 그런데 며칠 후 집무실로 부른 부사장님께서 하신 말씀에 내 기대는 와르르 무너지고 말았다.

"대학교를 졸업하지 않았더군요."

부족한 학력이 임원 회의에서 문제가 되었다고 했다. 실무진이 보관하고 있던 서류를 미리 살펴보지 못한 부사장님의 입장도 무척 곤란했다고 하셨다. 입사할 때 서류 심사를 거쳤기에 이미 내 이력은 알고 계신 줄 알았다. 나는 기대가 물거품으로 끝난 데 대한 서운함에 앞서 지은 죄도 없으면서 부끄럽고 죄송한 마음에 더 당황스러웠다.

기자라는 직책에 '대학교 졸업'은 기본 요건이라고 하셨다. 부사장이라는 직책으로서도 어찌해 볼 수 없는 회사의 규정이었던 것이다. 업무상 인정받은 그 어떤 능력도 '대학 졸업'이라는 열쇠 하나의 힘은 대신할 수 없었다. 그런데도 특별 채용이라서 예외가 적용되는 줄로 여겼던 나는 내 자신이 너무도 초라해 보여 한동안 마음을 추스를 수가 없었다.

그리고 대학교의 신문과 교지를 주로 편집하는 전산기획실을 운영할 때였다. K 대학교의 편집장을 맡은 학생이 무심결에 던진 말이 또 나를 멀미나게 했다.

"실장님, 어느 대학 국문과 나오셨어요? 몇 학번이세요?"

편집 업무를 맡고 있으니 당연히 전공이 국어국문과라고 생각했을 것이고 혹시 선배라면 인사라도 나누려고 가볍게 한 말이었을 것이다.

"왜 그런 걸 물어?"

하며 웃어넘기던 그때, 내 가슴에는 또 가시가 아프게 박혔다. 나는 그날 아무 대답도 하지 못했다.

"대학교를 졸업하지 않았더군요."

"어느 대학교 나오셨어요?"

그 말은 아픈 귀울음이 되어 언제나 나를 따라다녔다. 갈래머리로 서성이는 여고생의 모습에서 멈춰 버린 내 아픈 시간처럼……. 그때 나를 울적하게 했던, 새로운 도약을 하는 데 늘 걸림돌이 되었던 '학력'이라는 가시. 그런데 어쩌면 그 가시로 인해 나는 다시 나를 꽃피울 수 있었는지 모른다.

편집한 원고를 들고 드나들며 대학교 본관 정문에 붙어 있던 '신입생 합격자 명단'을 부러운 마음으로 바라보기를 몇 년, 나도 한번 가시를 빼 보고 싶다는 생각에 '대학 수학 능력 시험'을 준비하여 나는 국어국문학과의 98학번 늦깎이 새내기가 되었다. 그리고 학부 과정(문과대학) 수석 졸업에 이어 학비가 전면 지원되는 특별장학생으로 대학원도 마칠 수 있었다. 그 가시가 있었기에 나는 돈이 없어 하지 못했던 공부를 돈 없이도 마음껏 할 수 있었다.

또 박사 과정을 밟던 중 뜻밖의 선물을 덤으로 받았다. 헌법위원회의 위헌 판결에 의해 40세에 묶여 있던 응시 연령이 해지되어 중등교사 임용고시에 응시할 수도 있었다. 그리하여 에움길로 돌아오느라 빛바랬으리라 여겼던, 다시는 이루지 못할 줄 알았던 꿈을 이루어 교단에 선 '선생님'이 되었다. 한때 나를 가장 가슴 아프게 했던 '학력'이라는 '가시', 하지만 그 가시가 늘 목에 걸렸기에 나는 도사리로 끝난 꿈을 다시 건질 수 있었다.

가지마다 생의 질료를 달고 매달려 있던 잎이 하나하나 자신의 색을 버리는 계절이다. 가시를 빼내는 일이 힘에 겨워 주저앉고 싶을 때도 많았다. 하지만 그때마다 벗바리가 되어 내 손을 잡아 주던 심절한 마음들처럼 잎파랑이를 모두 버린 잎을 다독이듯 단풍이 곱게 내려앉고 있다.

학력이라는 가시로 인해 힘든 사람들, 그들에게도 번민의 순간이 분명 많았을 것이다. 그 가시를 뽑아내지 못하고 몽따며 보낸 시간, 또 그 가시를 속였던 시간 때문에 많이 아파했을 것이다. 하지만 고운 색으로 물들기 위해서는 먼저 자신의 색을 버릴 줄 아는 가을 잎처럼 가붓이 그 거스러미를 버릴 때 그 가시는 분명 새로운 굄돌이 되어 줄 것이다. 꿈이 희미해질 나이에 다시 새 꿈을 꾸게 해 준 내 가시처럼…….

선물

아침 안개가 자욱하다. 그때 설악산雪嶽山 산머리에도 오늘처럼 이렇게 안개가 앉아 있었다. 가슴 가득 순정을 품은 여고생의 가슴에 담겼던 그때의 설악雪嶽은 지금껏 내게 봄이 되고 여름이 되고 가을, 겨울이 되어 남아 있다.

수학여행 비용 납부 마감이 하루밖에 남지 않았다. 과외 아르바이트를 하여 등록금에 보태던 내게 있어 수학여행 비용은 엄두도 못 낼 상황이었다. 사로잠을 잤다. 답답한 마음을 달랠 겸 하굣길에 교회에 들러 어둑살이 질 때까지 앉았다 오곤 했다. 수학여행을 가지 못한다는 사실보다 친구들과 함께하지 못하고 외돌토리가 된다는 것이 더 속상했다. 교회 울타리를 장식한 코스모스의 가녀린 몸짓이 내 마음을 달래 주는 것 같아 참았던 눈물이 쏟아졌다.

얼마나 지났을까? 교회 출입문이 열리며 누군가 나왔다. 나보다 한 살 위였지만 학년이 같고, 학생회의 간부를 맡고 있는 C였다. 교회 안에서 나오던 C도, 화단 옆에 멍하니 앉아 있던 나도 깜짝 놀랐다. 야간 고등학교에 다니는 C는 집이 교회 옆이라 가끔씩 교회를 둘러보기도 하고 낮 시간에는 교회에서 공부하기도 한다는 소리를 듣고 있었다. 어쩌면 그날도 공부를 하다가 야간 등교를 위해 나서는 길이었던 것 같다.

보이지 않아야 될 장면을 들키기라도 한 듯 당황하는 내게 C는 마침 잘 만났다며 수학여행을 언제 가느냐고 물었다. 안 가기로 했다는 내 말을 묵묵히 듣고 있던 그가 봉투 하나를 내밀었다. 수학여행을 잘 다녀오라는 선물이라며 조심스레 말하는 C의 얼굴이 저녁놀처럼 붉게 물들어 있었다. 내 사정을 이미 알고 있는 듯했다. 속마음을 모두 들켜 버린 것 같아 부끄러웠지만 몇 번이나 밀고 당기던 끝에 나는 그 돈 봉투를 받았다. 친구들과 같이 여행을 떠나고 싶었다. 그리고 C와 나, 둘만의 짬짜미이기에 그가 비밀을 지킬 것이라는 생각이 내심 들기도 했다.

어떻게 된 일이냐고 묻는 친구들에게 마음이 바뀌었다는 대답으로 얼버무리고 설악산으로 향했다. 가을의 설악산 계곡물은 얼음처럼 차가웠다. 발이 시릴 정도의 찬물도 아랑곳없이 계곡에서 머리를 감으며 설악산의 밤을 느끼고, 비선대와 와선대를 오르며 친구들과 즐거워하던 그때 일은 지금도 눈에 선하다.

여행 마지막 날은 아침부터 안개가 자욱했다. 가족들에게 줄 선물을 마련하는 친구들 틈에서 주머니를 만지작거리다 벨벳 모양의 꽃이 들어 있는 작은 액자를 샀다. 설악산에서 피는 에델바이스를 말린 것이라고 하였다. 흰색 같기도 하고 연한 노란색 같기도 한 별 모양의 작은 꽃 두 송이는 그렇게 나를 붙잡았다.

하마터면 가지 못했을 수학여행을 다녀오면서도 나는 C에게 어떤 선물도 하지 못했다. 잘 다녀왔다는 인사도 하지 않았다. 남학생과 여학생이라는 이성적인 부끄러움 이전에 왠지 그 말을 하는 내 자신이 초라하게 느껴져서 그랬는지도 모른다. 처음엔 부끄러워서, 시간이 지나서는 미안해서 먼저 말을 할 수가 없었다. C역시 그 일에 대해서는 더 이상 말이 없었다.

나와 C는 둘 다 어렵게 고등학교를 다녔기에 대학 진학은 꿈도 꿀 수 없었다. 졸업을 하고는 꽤 오랫동안 만나지 못했다. 그런데 우연히 교회 선배로부터 놀라운 말을 들었다. 여러 형제 중

막내인 C는 늙으신 부모님의 힘을 덜어 드리려 낮에 여러 가지 아르바이트를 해서 학비를 마련했다는 것이다.

그렇다면 내게 수학여행 경비로 주었던 그 돈은 어쩌면 그가 한 달가량 열심히 모았을 금액이다. 학비와 용돈에 보태야 했을 그 돈을 몽땅 내게 준 사실을 알고 나는 한동안 미안한 마음에 어쩔 줄 몰랐다. 그러고도 한참이나 뒤에 "고마웠다." "은혜를 어떻게 갚아야 하냐?" 하며 때늦은 인사를 하였다. 그때, 언젠가 설악산을 가고 싶어도 못 가는 사람이 있으면 다시 설악산으로 돌려주라고 하던 C의 대답은 지금도 잊을 수가 없다.

어느덧 내 아이가 설악산으로 수학여행을 갈 만큼의 날도 지났다. 세월이 쌓일수록 더 큰 고마움으로 다가오는 C의 선물. 그것은 단순한 수학여행 경비가 아니었다. 지금도 내게 설악의 이야기를 조곤조곤 들려주는, 그때 수학여행에서 사 온 에델바이스의 꽃말은 '중요한 추억'이다. 그 꽃말처럼 안개 속에 은은하게 감겨 있던 설악의 이야기를 중요한 추억으로 안겨 준 그날의 선물은 아직도 갚지 못한 빚으로 내 가슴에 명징하게 남아 있다.

* 에델바이스 : 설악산의 에델바이스는 우리의 고유 꽃인 솜다리이었겠지만 그때 에델바이스로 알고 샀기 때문에 마음속에 그냥 그 이름으로 남겨 두고 싶다.

달맞이꽃

그리움에도 빛깔이 있다면 어떤 색일까? 새벽 차를 타고 출근하면서 덜 깬 잠을 깨우려 창밖을 바라본다. 길가에 달맞이꽃이 한창이다. 여름 한가운데서 피기 시작하여 이제 그 여름의 언저리를 지키며 노란 등을 달고 서 있는 달맞이꽃을 보노라면 가슴에 잔잔히 달무리가 진다. 어쩌면 그 은연한 노란색이 바로 그리움의 빛깔이 아닐까 싶다.

칠레가 원산지인 귀화 식물이어서 한국의 토종 식물이 터 잡은 숲에서는 견디기 힘겨웠는지 달맞이꽃은 길가나 빈 터, 혹은 산기슭에서 자란다. 멀리서 꽃무리를 보면 꽃대가 참깨와 비슷하고 꽃이 지고 열매 꼬투리가 말라 있는 모습도 마치 참깨가 열리는 것과 닮았다. 그러나 꽃 색깔은 하얀 참깨꽃과는 달리 노란 빛을 띤다. 꽃이 나풀거리는 모양은 초록 가지에 노랑나비가 앉아 팔랑거리는 것 같기도 하고 사람 허리 정도의 큰 키로 기웃대는 모습은 울 너머로 이웃집 누나를 훔쳐보는 옆집 사내애 같기도 하다.

저녁에 피었다가 아침에 지고 마는 꽃이기에 그 모습이 더 애잔한 것일까? 이름 그대로 '달을 맞이하는 꽃'이지만 밤에만 볼 수 있는 것은 아니다. 흐리거나 비라도 촉촉이 내리는 날, 또는 이슬받이에 무언가를 기다리듯 두리번거리는 그 반춤은 두고 온 토양土壤에 대한 그리움인 것만 같아 가슴이 짠하다.

달을 그리며 핀다고 '월견초月見草'라고도 불리는 달맞이꽃의 꽃말은 '기다림'이다. 달이 뜨지 않는 밤에도 달맞이꽃은 피어난다. 그 기다림이 때로는 기약이 없기에 더욱 애연한 달맞이꽃은 많은 전설을 안고 있다. 추장의 아들을 사랑하였지만 그가 다른 여자와 혼인하게 되자 가슴앓이 끝에 꽃이 되었다는 인디언 처녀 로즈, 달님만을 사랑하다 별을 사랑하는 다른 님프들의 질투로 제우스 신의 벌을 받은 님프의 이야기 등은 모두 이루지 못한 사랑의 애절함을 담고 있다.

그 애절한 몸짓은 차를 타고 국도를 지나다 보면 말없이 기다리고 있다가 조용히 손짓하며 다가온다. 그러면서도 선뜻 달려와 반기지도 못하고 선 자리에서 머뭇거리다가 차가 모롱이를 감아 돌라치면 채 전하지 못한 말이 못내 아쉬운 듯 차의 꽁무니를 안고 따라 돈다. 낯선 땅에 뿌리내려 살아가면서도 고운매를 간직한 꽃을 보노라면 "얼마나 기다리다 꽃이 됐나……"로 시작되는 「달맞이꽃」 노랫말이 입 안에 감겨 온다.

달이 뜨지 않는 밤에도 오롯이 달을 기다리고 달이 기운 아침에도 아쉬움에 꽃잎을 얼른 닫지 못하는 달맞이꽃도 있는데, 우리는 한결같이 뜨고 지는 달을 바라본 지 너무 오래되었다. 아니, 허둥지둥 바쁘게 사느라 잊고 있었다. 옥토끼가 떡방아를 찧는다든지, 달에 어리는 그림자를 계수나무라고 여기던 그 이야기들은 이제 동화로만 남아 있다. 그때인들 그것이 이야기라는 것을 왜 몰랐겠는가. 그러면서도 그 동화 같은 이야기에 젖어들 수 있었음은 우리에게 소박함이 있었기 때문일 것이다. 낮에 나온 반달을 두고 해님이 쓰다 버린 쪽박이라고 하던 고운 노랫말도 귀에 선 지금, 달맞이꽃이 달을 안고 우리들 가슴에 쓰러진다.

애틋함이 담겨 있는 그리움은 생각한다는 것과는 다르다. 그러기에 그리움의 모양은 사람마다 각각 다르다. 누군가에게는 떠나보낸 사람이, 누군가에게는 떠나보낸 세월이, 또 누군가에게는 머물렀던 장소가 그리움이 되어 고여 있을 것이다.

어느새 서늘바람이 인다. 사람들 가슴마다 고인 그리움을 잣기라도 하듯 달맞이꽃이 잎겨드랑이마다 꽃을 매달고 바람에 나붓거린다. 그 아늑거리는 꽃잎 사이로 파란 달빛이 스미면 사시랑이 같은 꽃술에 노란 그리움이 추신追伸이 되어 톡, 톡 부서진다.

미모사처럼 나를 여민다

세월이 흐르고 나이를 먹으면 부닥쳐 오는 아픔에도 무뎌질 줄 알았다. 사람들로부터도 무덤덤해질 줄 알았다. 그런데 명치끝이 아릴 만큼 마음에 마칼바람이 불 때가 있다. 그럴 때면 삶으로부터 자유로워져서 서풋서풋 걸어가고 싶다.

날마다 마주치는 소소한 아픔이 한 번 마주치는 커다란 고통보다 힘이 들 수 있다고 어느 작가는 말했다. 그렇다면 날마다 마주치는 자잘한 행복이 한 번 마주치는 커다란 행운보다 힘이 될 수도 있다는 말인데 일상의 소소한 행복이 요즘은 통 눈에 들어오지 않는다.

적당히 과장하고 적당히 예의 바르고 적당히 감추며 살고 싶다. 정답에 맞춰 가며 산다는 것이 얼마나 피곤한 일인지 살아가면서 더욱 깨닫기 때문이다. 조금도 흐트러짐 없이 살아야 한다는 것은 마치 학생들이 우수한 성적표를 받아 들기 위해 애쓰는 것만 같아 그저 버겁다.

사무실 안이 연일 무덥다. 그런데 출입구 쪽에 서니 어디선가 바람 한 줄기가 지나간다. 둘러보니 입구는 바깥 통로와 창문이 일직선으로 연결되어 맞바람이 지나고 있었다. 사무실 안쪽은 여전히 후덥지근한데 입구는 이렇게 시원하고 바람 한 자락에 마음까지 후련해지다니.

한참 동안 맞바람 가운데 서서 깊게 숨을 들이쉬었다. 그 뒤로도 바람이 마주치는 입구에 자꾸 발길이 머물렀다. 바람……. 그래. 살다 보면 때론 이렇게 바람이 필요할 때도 있을 게다. 교과서처럼 반듯하게 사는 것만이 알찬 삶인 것 같아도 이렇게 불어오는 바람 한 자락에 잠시 숨 돌릴 수 있다면 그 또한 삶의 여백이 아닌가.

아침저녁으로 출퇴근하며 달리는 도로 옆의 산에 온통 지천인 초록이 무더위 속에서 마냥 귀찮은 듯 미동도 않을 때가 있다. 후끈후끈한 지열을 견디고 있는, 그 답답한 이어짐을 더 지루하게 하는 정지된 초록은 보는 이의 가슴까지 숨 막히게 한다.

그런데 오늘은 운전하며 바라본 산에 주렁주렁 달린 연노랑이 바람에 한껏 나풀대고 있다. 봄꽃들 다 지고 아카시아꽃이 흐드러질 때도 참고 있다가 이제야 긴 꽃을 늘어뜨리고 온 산을 차지한 채 보잇하게 나부끼는 밤꽃이다. 저 나부낌이 있기까지 얼마나 많은 시간을 견뎠을까? 얼마나 많이 움츠리고 얼마나 많이 설레었을까? 사락사락 흔들리는 저 잎, 저 꽃들은 바람에 흔들리면서 지금 무슨 이야기를 나누고 있을까?

밤꽃의 나부낌을 안고 집에 들어서서 꽉 닫힌 베란다의 창을 활짝 열었다. 바람이 마음껏 들어온다. 문득 나지막한 화분에 초록 얼굴을 빠끔히 내밀고 있는 미모사에 눈이 멎어 살짝 손을 대니 순식간에 잎을 오므린다. 작은 자극에도 소스라치게 놀란 미모사는 깃 모양의 잎이 또르르 말리다 못해 아예 고개를 떨어뜨리고 쥐 죽은 듯이 가만히 있다. 마치 전열을 가다듬을 새도 없이 기가 죽은 요즘의 내 모습 같다.

손끝으로 건드리기만 해도 가느다란 잎들이 서로 약속이나 한 듯이 닫히는 모습이 마치 부끄럼을 타는 것 같다고 하여 함수초라고도 불리는 미모사는 감춘 사랑, 민감, 섬세함, 예민한 마음이라는 꽃말도 같이 오므리고 있다. 그런데 미모사의 오므림은 결코 도망이 아니다. 잠시 숨죽여 있다가는 말린 잎을 다시 살며시 펴는 그 생명력은 정말로 신기하다.

정지된 초록보다 흔들리는 밤꽃에 숨을 고를 수 있듯이 정지된 정물화보다는 움직이는 풍경화가 훨씬 더 생명력이 있다. 그래, 어쩌면 명치끝이 파르르 아픈 것도 살아 있다는 흔들림일 것이다. 지쳤다는 것도 열심히 살았다는 징표일지 모른다.

명지바람 한 줄기가 스며든다. 손끝을 내밀어 본다. 때론 은결든 마음에 움츠릴 때도 있지만 작은 손끝, 작은 바람 한 자락에 미세하게 떨리는 미모사가 되어 다시 설레고 싶다. 그리고 그 속에서 에부수수한 내 삶의 잎을 미모사처럼 긴실하게 여미리라. 어영부영 보내기도 했던 시간 속에서 꽃다지 같은 내 첫 마음을 명징하게 깨다듬으면서 말이다.

낯선 여자

그립고 애틋한 것이 어찌 세월뿐이랴. 머리털이 약쑥같이 희어진다는 애년艾年의 나이를 훌쩍 넘긴 지금, 나는 내가 그립다.

'누가 이 사람을 모르시나요?'라는 노랫말이 가슴을 파고든다. "누가 이 사람을 모르시나요? / 얌전한 몸매에 빛나는 눈 / 고운 마음씨는 달덩이같이……"라는.

외동딸인 나를 가장 깊게 기억해 줄 엄마(어머니보다는 엄마라고 부르고 싶다)와 나는 초등학교 6학년 때 이별했다. 그러나 그 빈자리를 할머니나 고모가 채워 주었기 때문에 어릴 때는 엄마의 부재를 느끼지 못했는데 나이가 들수록 엄마는 바로 내 기억의 연줄과 같은 것이라는 것을 알았다. 연줄이 끊어지듯 내 기억이 뚝 잘린 것도 어쩌면 엄마와 이별한 그때부터인지도 모른다.

여고 2학년 때 학교 생활관에서 1주일씩 여성의 덕을 닦는 실습 마지막 날에 반상飯床을 차려 놓고 각자 어머니께 대접하는 의식이 있었다. 할머니는 연로하셨고 엄마 역을 맡아 주던 고모는 농번기라 시골에서 마늘 농사에 여념이 없었다. 할 수 없이 큰집 올케 언니가 학교에 왔다. 자존심 강하던 내게 엄마가 없다는 것은 상실감 이전에 말하기 싫을 정도의 수치로 와 닿았다. 다른 엄마들에 비해 유독 젊은 엄마에 속하는 올케 언니에 대해 그날 나는 아무런 설명도 하지 못했다.

세월이 지나 할머니도 돌아가시고 그나마 내 흔적을 가장 많이 알고 있던 고모도 지금의 나보다 적은 나이인 마흔아홉에 세상을 떠났다. 아마 내 기억이 멈춘 것은 그때부터였는지도 모른다. 물론 사촌 오빠들도 있었지만 그들이 기억하는 내 시절은 하나의 단편들이다. 아무래도 여자들처럼 추억이 섬세하지 못하다.

20대와 30대 때만 해도 나 스스로 나를 기억할 수 있었다. 물론 아주 어린 시절의 기억은 어른들의 기억을 빌려서 알아야 했지만 철이 들고 나서의 기억은 일기장에, 사진에 남아 있는 것을 그대로 이을 수 있었다. 그러나 마흔의 나이를 지나고 나서는 언제부턴가 서서히 내가 낯설어지기 시작했다.

잦추르며 사느라 나도 나를 잊어버린 시간이었는지도 모른다. 아니, 그건 어쩌면 사진에 찍혀 나오는 내 모습이 예전과 확연하게 달라지는 것을 느끼고서였을 것이다. 거울 속을 바라봐도 사진을 바라봐도 내가 아닌 다른 사람이 있을 때가 많았다.

나는 어떤 여자였을까? 어떤 사람인지도 궁금하지만 나는 내가 어떤 여자였는지 더 궁금하다. 여자는 자기를 돌아볼 거울로 딸을 남기는 것인지 모른다. 모습이 닮은 모녀가 걸어가는 것을 부러워하며 한참씩 쳐다보게 된 것도 내 자신이 스스로 낯설어지기 시작할 때부터였다.

딸을 가진 친구들을 보면 신기하게도 그 딸의 모습에서 친구의 옛날을 볼 수 있다. 만일 내게도 딸이 있다면 지금쯤은 내가 처음 사랑에 눈을 뜨고 가슴 설렐 때의 나이로 자랐을 테니 당시의 내 모습을 볼 수도 있을 것 같다. 그리고 그 딸이 내가 살아가는 나이를 뒤따라 살면 불혹이 지난 가슴에도 바람이 불고 지천명을 넘겨도 하늘의 뜻을 알기 어렵던 내 시간들도 딸을 통해서 돌아볼 수 있지 않을까? 아들 둘 속에서 나는 내 모습을 짐작해

내기가 어렵다.

남편에게 넌지시 물었다. 남편과 처음 만났을 때가 내 나이 스물한 살 때였으니까 아마 옛날의 나를 많이 기억하고 있을 것이라 여겼다.

"여보, 나 옛날에 어땠어요?"

그러나 무뚝뚝하기만 한 남편이 나 자신도 제대로 기억 못하는 나를 어찌 기억하고 있겠는가? "몰라!" 엉뚱한 질문을 한다는 듯 툭 던지는 대답. 어쩌면 가장 정확한 말일지도 모른다.

저 말수 적은 남자와 찻집에서 그렇게 오랜 시간 이야기를 나누었는지도 의문이고, 경포 호숫가를 자전거로 달리며 석양을 바라본 일도 전설처럼 느껴진다. 그리고 그가 출장 가고 없는 도시가 텅 빈 것 같아 허전하던 일도 남의 이야기처럼 여겨지는데 어찌 그에게서 대답을 기대할까?

가끔 남편이 "천사인 줄 알았는데 살아 보니 독사일 때도 있다."라고 이야기하는 것을 보면 처음 남편을 만났을 때는 천사처럼 맑은 심성을 지녔던가 보다. 그런데 그 '천사'가 정반대의 형상인 '독사'로 비춰질 만큼 변했다니 나 역시 내 모습이 어색할 때가 많다.

요즘은 흔적을 남기는 장치가 많다. 그런데 증발해 버린 시간 속의 내가 나는 정말 궁금하다. 나는 어떤 여자였을까? 이런 생각이 들 때마다 오련한 내 시간을 곰살궂게 살려 주던 그리운 이들이 보고 싶다. “누가 나를 모르시나요?” 이 말에 “너는……” “너는……” 하고 여일하게 답해 줄, 낯익고 마음 익은 사람들이 참으로 그립다.

애열

얼마나 곱고 예뻤으면 이름에도 '꽃'이란 글자가 붙어 꽃사과나무일까? 그런데 그 꽃이 남긴 열매에 온통 얼룩이 졌다. 봉긋봉긋한 몽우리마다 선홍색 꽃을 활짝 피워서 보는 이들의 눈과 마음을 끌던 나무였는데 웬일인지 올해는 꽃 지고 난 뒤 돋는 잎에 거뭇거뭇한 점들이 생기는 것 같았다.

그러나 걱정했던 것은 잠시뿐이었다. 그 꽃이 아니어도 목련은 피고 벚꽃은 눈이 부시게 나부꼈다. 진달래, 개나리도 봄을 마음껏 이야기해 주었다. 여름이면 치자향이 오래도록 풍겼고 배롱나무꽃이 지고 나면 모과가 노란 열매를 툭툭 떨어뜨려 주어서 그 향에 취하기도 했다. 그러기에 꽃사과나무의 잎과 열매에 멍이 드는 것을 몰랐다.

출근하면 습관처럼 꽃사과나무 밑에서 머물곤 했다. 열매들이 지친 모습으로 가득 매달려 있는 것이 눈에 들어왔다. 꽃은 근근이 피우는가 싶었다. 그런데 잎에 맺힌 검버섯 같은 점들이 병이 되었는지 맺힐 때부터 모양새가 말이 아니던 열매들이 채 익지도 못하고 오그라들었다. 그러고 보니 나뭇가지도 윤기를 잃고 있다. 곁에 있는 벚나무는 봄부터 가을까지 사람들의 시선을 끌며 사랑을 받았는데 꽃사과나무는 너무도 애연하게 한 해를 보낸 것 같다. 예년에는 꽃빛을 그대로 내려 받은 듯 한껏 자랑도 하더니만 채 익지도 못하고 시든 열매가 마른 젖꼭지같이 나무에 매달려 있다.

얼마나 담고 싶은 이야기가 많았을까? 얼마나 나누고 싶은 사랑이 많았을까? 어떤 병을 앓고 있는지 아무도 알아주지 못했기에 곯을 대로 곯았을 꽃사과나무의 속내가 결국 까만색으로 비명을 지르고 있다. 시드럭시드럭 병이 들어 잎의 색깔이 달라질 때 약이라도 제대로 썼다면 진홍빛 꽃이 신열 앓으며 남긴 열매가 이리 허망하게 시들지는 않았을지 모른다. 오랜 햇수를 지켜왔음을 나타내듯 나뭇가지는 친구처럼 선 배롱나무와 맞먹을 정도로 우람한데 이리도 아프게 가을을 내려놓는 모습에 마음이 짠하다.

계절의 길봇짐을 챙기려는지 그나마 달려 있던 열매들이 까맣게 말라 들어간다. 홍옥빛 열매는 술로 담가도 그 색이 보는 이를 유혹하기도 하는데 저 모습은 어쩌면 그네들도 내놓기 싫은 모습일지 모른다. 오달지게 달린 열매들을 건사하지 못하고 보내는 생가지는 또 얼마나 속이 아리겠는가. 그러고 보니 나뭇가지도 검은색을 띠고 물기와 윤기라곤 찾을 데가 없다. 까맣게 타들어간 열매가 머루처럼 보이는 것은 그래도 남은 열매들을 위한 한 자락 위안일진대 그 남은 열매마저 시월막사리에 내린 서리로 박제가 된 듯하다.

우리들 삶에도 저렇게 까맣게 타들어간 날이 어찌 없었겠는가. 애잔한 마음 한 자락 여며 꽃사과나무 위에 얹어 본다. 봄, 여름 다 지나고 열매 익는 계절이 되도록 속으로 타다 못해 검은색으로 토해낸 나무 앞에서 그동안 무심했던 마음이 미안해 발을 옮기지 못했다. 상처 많은 꽃잎이 아름답다는 시구詩句도 있지만 그것은 상처 많은 그 꽃잎이 한 말이 아닐 것이다. 아름답기보다는 아프지라도 않기를 저 나무는 얼마나 바랐을까?

치료하기에 너무 늦지 않았기를 바라며 사무실로 올라오는데 상처 난 꽃사과들이 송그리고 다독이는 모습이 내 마음을 붙잡는다. 아마도 슬퍼서 목이 멘 애열哀咽 대신, '이끄시는 대로'라는 꽃말처럼 내년에는 꽃이 이끄는 대로 열매 맺어 사랑하고 기뻐하는 애열愛悅로 만나겠다는 심절한 다짐이리라.

사랑초

봄기운이 완연해 꽃모종을 사러 갔다가 옹기그릇에 담긴 작은 풀에 눈이 머물렀다. 토끼풀같이 생긴 연한 잎 사이에 자주색 꽃을 머금고 있는 모습이 고와서 주인에게 물었더니 '사랑초'라고 하였다. 이름도 정말 고왔다.

잎 모양이 하트 모양이라서 이름 붙여지기도 한 사랑초는 봉오리일 때는 잎겨드랑이에 살며시 말려 있다가 아침이면 수줍게 얼굴을 편다. 그러나 그 만남은 오래가지 않는다. 불과 몇 시간이 지나면 다시 소르르 말리는 모습이 여리디여린 사랑을 말해주는 듯하다. 잊지 말아 달라는 물망초의 꽃말이 그윽한 부탁이라면 '당신을 버리지 않겠습니다'라는 사랑초의 꽃말은 버리지 말아 달라는 간곡한 마음인지도 모른다.

사랑을 듬뿍 받을 것 같은 이름과는 달리 사랑초는 애절한 전설을 안고 있다. 팔순의 노파가 외로움과 배고픔에 시달리며 '시금풀'(토끼풀과 닮았으나 신맛이 난다고 해서 붙여짐)만 먹고 살다가 부모의 무덤 옆에서 죽었는데 그 무덤에 돋아난 풀이 하도 애잔해서 사람들은 토끼풀이라 불렀다고 한다. 그런데 그 토끼풀을 보면 행복이 온다는 말이 퍼졌고 그중에서도 네 잎을 가진 토끼풀(네 잎 클로버)을 보면 행운이 온다는 말을 듣고 사람들은 행복이 담긴 세 잎의 토끼풀을 제치고 네 잎만 찾기 시작했다.

그렇게 사람들이 행운을 찾기 위해 행복을 지닌 토끼풀을 마구 짓밟는 사이에 토끼풀은 뭉개지고 멍들어 자줏빛 사랑초가 되었다. 가까이 있는 '행복'은 모르고 멀리 있는 '행운'만 찾아 나서는 사람들을 일깨워 주려고 토끼풀은 지금도 무리 지어 퍼진다고 한다.

활짝 핀 꽃 옆에서 나비처럼 나풀거리며 꽃받침이 되어 주는 잎은 보는 이의 마음까지 구순하게 만든다. 해가 지고 사방이 어두컴컴해지면 꽃은 몸을 움츠리고 잎도 서로 어깨를 기대며 포갠다. 하루 종일 열심히 피었다가 나른한 하루를 곱게 접는 사랑초는 우리네 일상과 많이도 닮았다.

사랑초처럼 자그맣게 생긴 꽃들을 보려면 고개를 숙여야 한다. 몸을 낮추어야 한다. 낮은 곳에서 가만히 속삭이며 피기 때문이다. 사랑, 어쩌면 가장 가슴 설레는 인연도 그러했으리라. 사랑을 처음 시작할 때 우리들은 욕심도 없었고 뻗댐도 없었다. 그런데 바라보는 것만으로도 행복했던 시간을 소원히 보내고 욕심내며 행운만 찾아 헤맨 시간이 얼마나 많았던가.

큰애가 소장小腸 일부를 절단하는 수술을 받고 입원과 퇴원을 반복했다. 늘 건강하던 녀석이 병원 침대에 물먹은 솜처럼 누워 있는 모습을 보면서 옆에서 살펴 주지 못하고 출근하는 발길이 무겁기만 했다. 그 애와 같이 가서 사 왔던 사랑초에 환히 핀 꽃을 보니 애의 모습이 더 아른거린다. 자기는 괜찮다며 엄마의 건강을 먼저 걱정하는 아이, 퇴근 후에는 자기가 보살피겠다며 그 좋아하는 술 약속도 마다하고 아이가 있는 입원실로 향하던 남편, 모두가 고마운 세 잎이다.

그럼에도 제풀에 지쳐 힘겨워하는 내 마음을 아는지 사랑초 꽃잎이 젖어 있다. 살면서 아주 조그만 일로 시작된 가슴앓이로 주저앉을 때가 있다. 그때 그 주저앉은 발밑에 무수히 피어 있던 세 잎 클로버. 그것이 바로 무더기로 피어 있던 행복이었던 것을 잊고 살았다. 아이가 건강할 때는 귀가 시간만 늦어도 채근하던 그 잔소리도 지금은 그리운 울림이다.

겨우내 추위를 견딘 매화나무에 봄이 젖꼭지처럼 맺혀 열꽃을 피우고 있다. 이렇게 풀과 꽃은 자기들의 계절을 피우기 위해 준비를 하고 있다. 그 또한 얼마나 치열한 준비겠는가. 세월의 더께 속에서 먼지만 뒤집어쓰고 지낸 시간도 참으로 많았을 것이다. 그런데 그 먼지 묻은 시간들이 바로 나를 키워 낸 거름이었음을 이 봄에 다시 배운다.

행운을 찾아가는 길목에 묵정밭처럼 버려두었던 행복을 돌아본다. 삶이란 이렇게 이삭 줍듯 지난 시간을 되새김하며 배우는 것이리라. 세 잎을 달고 곱게 꽃을 피운 사랑초 곁에 살며시 앉아 삶의 말미 속에 깃든 행복 한 자락을 고맙게 잡는다.

해거리

가을은 노란색으로 시작된다. 은행잎이 초록을 내려놓기 시작하고 벚나무도 붉은 잎으로 옮겨 가기 전에 노르스름하게 숨 고르기를 한다. 마로니에 넓은 잎에도 멋내기 염색이라도 하듯 노란 점이 찍히면 가을은 화선지에 물감 배듯 울긋불긋 번져 간다.

그중에서도 가장 알차게 가을을 알려 준 것은 아파트 뒤뜰에 있는 모과나무다. 봄에 홍색의 꽃을 피우기 시작하여 여름 내내 녹색을 자랑하며 풋대추 같은 열매를 맺는 것을 보았다. 그런데 어느새 잘 익은 참외 빛깔을 내기 시작한 모과를 달고 있는 것이 눈에 확 들어왔다. 언제 저렇게 열매를 많이 맺었을까?

노랗게 익어 향을 한껏 내는 모과는 가을이면 집 안 곳곳에 자리를 잡기도 하고 승용차 안에도 떡 버티고 앉아 가을 냄새를 은은하게 풍기기도 한다. 게다가 서리 맞은 후 노랗게 익은 모과는 기침을 가라앉히는 약효도 있어 사람들이 아끼는 열매 중 하나이다.

그런 모과나무가 어찌 된 셈인지 작년에는 도통 열매를 맺지 못했다. 재작년만 해도 가지가 버거워 보일 정도로 열매를 많이 맺더니 작년에는 모양을 갖추듯 몇 개 맺은 열매도 그나마 곧 떨구었다. 그러나 그때뿐, 그 허허로운 매달림을 눈여겨보지 않았는데 그 모과나무가 올해는 튼실한 열매를 주렁주렁 달고 있다. 그러고 보니 모과나무는 병이 든 것도, 오래되어 생식 능력이 없어진 것도 아니었다. 바로 한 해를 쉰, 해거리를 한 것이다. 지난 1년간의 휴식이 모과나무에게 큰 충전이 되어서인지 여유 있게 나무에 매달려 있는 모과에 윤기마저 돈다.

휴식은 쉬엄쉬엄 쉬는 것이 아니라 해거리하는 나무가 열매 맺기를 내려놓듯이 과감하게 내려놓는 일일 것이다. 그런데 나는 두어 해 동안 통 쉬지를 못했다. 쉬어야만 하는데도 쉴 수가 없었다. 여자로서 매달 찾아오는 손님을 보낸 것도 그 무렵이었다. 근무 중 쓰러져 병원으로 실려 가기도 할 정도로 몸도 마음도 조절이 되지 않는 것을 확연히 느낄 수 있었다.

그런데 달거리가 멈출 쯤의 나이는 여자에겐 이제 어른 도리를 해야 할 일이 더 많아지는 것을 말해 주었다. 이를테면 책임을 지고 돌봐야 할 일이 더 많아지는 것이다. 나뭇잎에 물이 들 듯 자연스럽게 세월이 가고 그 세월 속에서 유장하게 살겠거니 했던 내 생生의 순간들이 어느 순간부터 뒤죽박죽이 되기 시작했다.

어느 꽃이나 열매를 맺고 싶은 본능이 있을 텐데 단 한 해를 거르는 것이라고는 하지만 꽃이 피었던 자리에 열매 맺기를 포기하는 것이 쉬운 일이었겠는가? 모과나무는 새 기운을 보듬기 위해 참으며 기다렸을 것이다. 다른 나무들이 주렁주렁 가을을 매달고 있을 때 아쉽기도 하고 초조하기도 했을 것이다. 유달리 덥고 가뭄이 심했던 지난여름, 수분이 모자란 탓인지 나무가 오히려 열매의 물기를 빼앗는 바람에 사과나무조차 알이 작고 부실하게 열리기도 했다. 그러니 새로 맺은 열매를 지키기 위해 모과나무가 얼마나 힘든 여름을 보냈을지도 짐작이 간다.

나무는 병충해를 입거나 토양이 나빠지지 않아도 과감하게 열매 맺기를 한 해쯤 포기할 줄 안다. 그래야 다음 해에 더 튼실한 열매를 맺을 수 있다는 것을 알기 때문이다. 다시 실實한 열매를 맺기 위함이 아니더라도, 된서리를 맞고 좋은 향을 지닌 약이 되기 위함이 아닐지라도 이제는 나도 잠시 쉬고 싶다.

이런 마음을 알기라도 한 듯 열매를 맺기 위해서는 때로 열매 맺기를 포기해야 할 때도 있다며 모과나무가 토닥이듯 잎을 흔든다. 그리고는 부닥친 삶이 아름차서 사그랑이가 될 것 같을 때는 눈 딱 감고 해거리하듯 쉬라고, 꼭 그렇게 하라며 모과 한 알 툭 떨어뜨리며 덧붙인다.

"다 견딜 수 있데이!"

배추의 겉앓이

한로寒露가 지났다. 이제 첫서리가 내린다는 상강霜降도 얼마 남지 않았으니 가을배추가 허리춤을 여밀 때가 되었나 보다.

늦깎이 공부를 하면서 석사 학위 논문을 마무리할 때였다. 분단 이후 우리에게 함구되었던 북한 문학에 대한 연구를 공동으로 하게 되었다. 작목 시험장 옆에 자리잡은 한적한 연구실에서 교수님의 지도 아래 선배들과 시, 소설, 수필, 평론을 부문별로 맡아 분단 이후의 북한 문학에 대해 조금씩 시야를 넓혀 갔다.

외진 곳에 위치해 '비무장지대'처럼 느껴지기도 하던 연구실도 친숙한 공간이 되어 갈 즈음, 아침 일찍 연구실에 들르다가 눈앞에 펼쳐진 모습에 그저 어안이 벙벙했다. 연구실 마당 한쪽에 낯선 밭두둑이 봉긋봉긋 솟아 있는 것이 아닌가? 누군가 주말에 생땅을 밭으로 갈아 놓은 것이다. 짐작되는 데가 있기는 했다. 오가며 마당을 눈여겨보던 근처 식당의 아저씨임이 틀림없다. 아무튼 말 한마디 없이 마당을 밭으로 둔갑시켜 놓은 그 아저씨의 배포도 어지간했다.

그러나 주차 공간을 빼앗긴 아쉬움도 잠시, 우리는 그 '깜찍한' 밭을 보자 반가움이 앞섰다. 적막하던 곳을 찾아 준 앙증맞은 손님 같았기 때문이다. 드난살이라고 눈치라도 볼까 봐 밭을 지나칠 때는 조심스럽게 비켜 다녔다. 그런 우리 마음을 알기라도 한 것일까? 다문다문 돋기 시작하던 싹들이 빗물을 함초롬히 머금는가 싶더니 앞다투어 얼굴을 내밀었다. 상추, 쑥갓, 파, 부추, 시금치의 자람이 바빠지자 아저씨의 발길도 잦았다. 점심시간이면 아저씨께서 솎아 준 푸성귀는 우리들 입맛까지 싱싱하게 돋우어 주곤 했다.

아저씨의 채소 가꾸는 솜씨는 보통이 아니셨다. 몇 번 밭걷이가 끝나고 한 차례 두둑이 비는가 싶더니 나비 모양의 싹들이 새로 돋았다. 이번엔 가을무와 김장 배추 씨를 뿌렸다고 하셨다. 가을무와 배추는 자람이 더디기도 했지만 우리는 맡은 일에 바빠

한동안 그들의 자람을 유심히 살펴보지 못했다. 그런데 가을볕이 유난히 따갑게 느껴지던 오후였다. 몸을 풀 겸 마당에 나섰더니 싱싱하게 너풀거려야 할 배춧잎들이 매스게임이라도 하듯 흙에 등을 대고 누워 있었다. 오랜 달음박질을 끝낸 선수처럼 지친 모습이었다. 마침 밭에 와 계시던 아저씨께 아는 체하며 물었다.

"아저씨, 이제 배추 묶어 줘야 되죠?"

"서리가 와야지요."

아저씨는 배춧잎을 아이 보듬듯 싸안으며 겉흙을 털어내셨다.

"왜요? 배춧잎이 너무 많이 자라서 자꾸 옆으로만 퍼지고 있는데요?"

"거참, 서리 오기 전에 묶어 놓으면 속이 다 뜨는 기라요."

무던하게 던지시는 아저씨의 말에 나는 더 물을 수가 없었다. 젊지 않은 나이에 연구실을 들락거리는 내가 던진 질문이 너무 엉뚱했던지, 아니면 무안해하는 모습이 안쓰러웠던지 아저씨는

"농사짓는 것, 잘 모르지요?"

하며 웃으셨다. '북한 문학 연구실'이라는 현판이 붙은 건물을 들락거리는 나를 보며 아저씨는 '별난 공부'를 한다고 생각했을지도 모른다. 그런데 나는 가까운 곳에서 자라는 배추의 속도 제

대로 모르면서 분단 상황에서 오랜 시간 따로 지내 온 민족의 속내를 아는 척하고 있었던 것이다. 더 이상 묻지 못하고 내내 중얼거렸다. '서리가 와야……. 서리가 와야…….'

나는 그때까지 배추가 겉이 어느 정도 자란 후 속이 차는 것을 몰랐다. 김장철이면 짚에 묶여 시장에 나오는 배추를 흔히 보았기에 처음부터 결구結球를 이루며 자라는 줄 알았다. 저녁에 얘기를 들은 남편은 그저 한심하다는 표정이었다. 배추 겉잎이 다 자랐는데도 여미지 않고 그냥 두면 어떻게 되는지 되묻는 내게 남편은 숫제 농사짓기 강의를 했다.

"서리가 내렸는데도 묶어 주지 않으면 속도 겉처럼 시퍼렇게 되잖아. 햇볕 받아서……. 진짜로 그것도 모르나? 바보 아이가!"

며칠 뒤, 그렇게 내게 '바보의 철학'을 가르쳐 준 배추가 짚으로 된 허리띠를 두르고 있었다. 아저씨 말대로 서리가 내렸나 보다. 그러고 보니 하얀 이슬을 허리춤 사이사이에 담고 있다. 흐트러진 겉잎을 알뜰하게 보듬어 짚으로 여민 배추는 오랜만에 굽은 허리를 곧게 편 듯 시원해 보였다. 허리를 곧추세운 배추는 속고갱이를 노랗게 채우도록 겉을 단단히 받쳐 주고 있었다. 그런데 겉잎 끝이 바싹바싹 마르는 것을 보니 속 채우기가 꽤나 힘이 드는가 보다. 배춧잎에 남은 물방울이 송송 돋은 땀방울처럼 보인다. 아저씨는 마치 산고를 겪고 있는 임부妊婦의 손을 잡아 주듯 겉앓이를 하는 배추의 윗동을 한 번 더 짚으로 여며 주셨다.

배추가 허리띠를 두른 뒤부터 연구 과제가 제대로 진척되지 않을 때면 습관처럼 배추밭을 둘러보곤 했다. 그러다 문득 내 삶에도 벌써 서리가 내리지 않았나 하는 생각이 들었다. 언제나 알맹이의 귀함만 챙겼지 정작 그 알맹이를 감싸고 키운 겉의 소중함에 대해서는 너무 소홀했던 것은 아니었을까? 어쩌면 벌써 서리가 내렸는데도 미대고만 있는 것은 아닌지 겁이 덜컥 났다.

그런 마음을 눈치라도 챈 것일까? 가을무가 배추밭 사이로 미끈한 몸통을 쑤욱 내밀고는 짙푸른 이파리로 손사랫짓을 했다. 그 푸른 손짓이 마치 아직은 서리가 내리지 않았다고 말해 주는 든든한 위안 같다.

글덧

밤이 까맣게 나를 바라보고 있다. 하늘을 우러러볼 일도 드물지만 제대로 밤을 내다볼 일도 드물었다. 아파트에 살면서 높은 곳에 살면 자유로울 줄 알았는데 사방이 감시꾼인 것 같았다. 베란다 건너편에서는 맞은편 동에 사는 사람들이 쳐다볼 것 같고, 부엌 쪽으로는 그 반대편에 있는 동의 사람들이 있으니 내 집에 살면서도 자유로울 수가 없었다.

요즘 들어 별을 본 기억이 거의 없다. 실내에 불을 밝히면 아파트의 앞뒤 동에 있는 누군가가 다 보고 있을 것 같아 블라인드를 내리고 있을 때가 많다. 그러니 거실의 넓은 창을 통해 쏟아지는 별을 맘껏 보지도 못했으며 아예 밖을 내다볼 생각을 하지 않았다.

그런데 오늘은 자신 있게 밤을 맞았다. 블라인드를 끝까지 올리니 밤이 한껏 내 품에 들어온다. 좋은 아이를 수태하기 위해 달의 정기를 삼키는 여인처럼 숨을 흠뻑 들이쉬었다. 불 밝힌 이웃들이 환한 이쪽을 좀 보면 어떠랴. 달리는 차가 간간이 보이는데도 작은 소리 하나 나지 않을 정도로 정적이 감도는 밤이다. 온 도시가 잠든 듯 조용하다.

서재에 있던 책상을 베란다 곁으로 옮겼다. 책상에서 창밖을 바라보며 책을 읽으니 제법 운치가 있다. 순전히 벚꽃과 눈[雪] 이야기를 듣고 이 집을 택했다. 아파트는 층이 높을수록 비싸다고 했지만 2층을 택했다. 소개하는 분이 베란다에 서면 매화나무와 벚나무가 보이는데 봄에 그 나무가 꽃을 뿜어낼 때는 정경이 환상적이라고 얘기했다. 또 높은 층에서 눈이 내리는 것을 보면 그냥 떨어지는 느낌인데 낮은 층에서 바라보면 그 눈이 내려서 땅에 닿는 순간까지 볼 수 있다는 아름다운 설명에 결정을 했다.

아파트 안에서 보면 양쪽 모두 시야가 트여 편히 행동할 수 있어서 맑은 유리창을 애써 가리지 않아도 되었다. 아파트 담을 끼고 벚나무가 줄지어 선 것을 보면, 아마 봄에 벚꽃 흩날리는 창가에서 나는 어쩌면 글을 쓰고 있을 것이다.

나는 아직도 설레고 싶다. 벚나무 위로 꽃을 깨우는 비라도 내리는 날이면 살품에 맘껏 이야기를 품고 싶다. 창밖을 바라보니 까만 밤이 배경이 된 넓은 유리창에 내 모습이 어른거린다. 남편도 아이들도 깊이 잠든 밤에 대학 노트에 글을 써 내려가던 그 하얀 날들의 순정純情을 오늘 다시 펼쳐 본다.

봄은 벌써 저만큼 오고 있다. 창가에 벚꽃이 흩날리고 내가 좋아하는 봄비가 다녀갈 때, 나는 거기서 한 줄의 마음을 건지리라. 길을 오래도록 걸어서 발에 생긴 병을 '발덧'이라고 한다. 그렇다면 벚꽃 흩날리는 창가에 앉아 벚꽃 송아리에 우리들의 이야기를 사부자기 얹으며 오래오래 글을 쓰느라 '글덧'이 났으면 싶다. 그리고 그 글덧 흠씬 앓으며 밤재운 글이 민낯으로 수줍게 내게 올 때면 두 팔 벌려 가붓하게 맞으리라.

자연에 살고 싶다

어디론가 훌쩍 떠난다는 것, 또한 거기서 살아 본다는 것은 삶에 지친 사람들에겐 큰 소망이다. 복잡한 도시 생활을 벗어나 제주도에서 여유롭게 살아가는 한 가수 부부의 삶이 조명되자 사람들이 무척 부러워하였다. 그렇지만 치열하게 살아가는 일상에서 그들 부부처럼 지낼 수 있는 것은 누구에게나 쉽게 허락되는 일은 아니다.

팔공산 자락의 갓바위 쪽으로 가다가 '백련사'란 팻말을 끼고 100미터쯤 떨어진 곳에 있는 지인知人의 전원주택을 찾았다. 청잣빛 하늘을 이고 있는 감나무에 주황색 열매가 주렁주렁 달려 있는 모습은 그대로 한 폭의 풍경화였다. 곱게 깔린 잔디, 그네,

정자亭子, 연못, 그리고 억새가 무리지어 흔들리는 모습이 동화 속의 한 공간을 옮겨 놓은 것 같았다.

안채에 들어서니 넓은 창으로 울긋불긋 물들기 시작한 산이 한가득 들어왔다. 다른 세상의 삶을 사는 것 같아 부러워하는 마음을 눈치라도 챈 듯 안주인은 몇 년이나 야생화를 옮겨다 심고, 또 가꾸는 일이 보통 일이 아니라고 했다. 하루 일과가 거의 농사꾼처럼 바쁘다고 했다. 그러면서 마당의 잔디에 삐죽삐죽 솟은 잡초를 뽑으러 바삐 움직이는 모습을 보니 우리가 꿈꾸는 자연 속의 삶은 또 다른 부지런을 요구함을 알 수 있었다.

TV 프로그램 중에 집을 떠나 생활하는 모습이 일주일 내내 화면을 채운다. 다니던 회사도 정리한 후 캠핑카를 몰고 전국, 또는 세계 곳곳을 다니는 모습도 이젠 그렇게 낯설지 않다. 화면 속의 삶을 부러워하면서 그렇게 살고 싶다고 입버릇처럼 말하는 남편이 요즘 즐겨 보는 프로그램이 「나는 자연인이다」이다. 그 '자연'에 사는 사람들은 대부분 산속에 터를 잡고 살고 있다. 처음에는 그들이 은둔 생활을 하는 것처럼 생각도 되었는데 가족도 있고, 여유 자금을 마련해 둔 사람도 많았다.

남편은 침대에 편한 자세로 누워 오늘도 TV에 나온 자연인의 삶을 부러워한다. 그러면서 “내 꿈이 바로 저런 긴데…….” 하며 넋두리를 한다. 산속에서 자연과 어울려 사는 그들은 모든 일을 손수 해결하고 있다. 산골에 터를 잡은 사람들 중에는 부모님이 물려주신 집이나 고향인 경우가 많은 것을 보니 생판 낯선 곳에 터를 잡고 자연 생활을 하는 것은 어려운 일이 틀림없다. 그런데 남편은 고향이 시골이고 그곳에서 살던 삶이 그리워서 그렇다고는 하지만 TV 속에 펼쳐진 ‘자연’의 삶에 편승할 사람은 도저히 못 된다.

산속의 연못에서 낚시까지 하는 화면 속의 산山 생활에 남편은 오늘도 흠뻑 빠져 있다. 그렇게 부러우면 지금이라도 그렇게 살아 보라며, 해 놓은 밥도 못 찾아 먹으면서 산속에서 어떻게 지낼 것이냐고 묻자 돌아온 답이 가관이다.

“한 번씩 와서 밥도 해 주고, 반찬도 해 놓고 가면 되지.”

산속에서 고시 공부하는 사람 뒷바라지라도 하듯 하란 말인가? 남편은 집에 오면 자기 몸 씻는 것 외에는 거의 손끝 하나 까딱 않는 스타일이다. 심지어 외로움도 잘 탄다. 들리게 말하면 서운할까 봐 돌아서서 맵짜게 뱉어 버렸다.

“택도 없는 소리!”

TV 속의 주인공은 나무를 베고 돌을 쌓으며 연신 땀을 흘리는데 남편은 리모컨을 쥔 채 하루를 느긋이 접고 있다. 집에 들어서는 순간이면 완전히 무장 해제되는 남편이 구상하는 「나는 자연인이다」는 어쩌면 오랫동안 방영되지 못할 것이다. 안타깝지만 그에게 있어 '자연'은 아직은 '살고 싶다.'란 서술어에 묶여 있기 때문이다.

3
구룡포의 봄

구룡포에 봄이 오면 이곳 사람들 가슴에도 그리움이 돋아난다.
갈매기가 하늘을 온통 회색으로 덮으며 부둣가를 맴돌면
구룡포에 봄이 진입한 것이다.

바람막이

오후의 졸음을 쫓느라 진한 커피 한 잔을 마시며 라디오의 볼륨을 높이는데 전화벨이 울렸다.

"저 미옥이에요!"

고무공처럼 탄력 있는 목소리가 줄을 타고 들려왔다. 묻지도 않은 뒷말까지 물총새처럼 내뱉는다.

"대구에 왔어요. 어머니 생신 선물 준비하려고요."

커피잔 속에서 원을 그리며 녹고 있는 크리머 색깔이 결혼식 날 그녀가 들었던 장밋빛이다. 편집 일로 나를 도와주던 그녀는 이미자의 '섬마을 선생님'에서 최근의 신곡까지 꿰고 있을 정도로 노래를 잘 부르고, 샛바람처럼 살짝 문을 열고는 어깨를 툭 치며 나를 놀래키던 명랑한 아가씨였다. 그러나 그녀의 웃음 뒤에는 술에 찌든 아버지와 휴학 후 지원 입대한 남동생의 모습이 늘 그림자처럼 드리워져 있었다. 그녀는 그랬다. 무척 외롭거나 힘들 때면 더 웃고 더 명랑했다.

그러던 그녀에게 사랑이 생겼다. 친구의 결혼식에서 운명처럼 만난 사람과 뜨겁게 달구어진 바닷가의 모래알 같은 사랑을 했다. 그녀에게 기쁨과 꿈이 되어 준 그 사람을 그녀는 많이 사랑하고 있었다. 그런데 결혼 날짜까지 정해 놓고 어찌 된 일인지 얼굴이 어두웠다.

"좋겠네?"

"아뇨, 저 시집가기 싫어요."

웃으며 묻는 내게 힘없이 답하는 그녀는 물먹은 솜처럼 축 처져 있었다. 겸연쩍어 그러나 싶었는데 그게 아니었다. 결혼은 현실이었다. 시부모 될 분들이 친정의 사정을 흠잡으며 그녀를 탐탁하게 여기지 않은 것이다. 시장으로, 할인 매장으로 다니며 혼자 혼수 장만을 하던 그녀는 결혼식을 며칠 앞두고 맥이 다 빠져 있었다. 예단 문제로 마음이 많이 상한 것 같았다. 가장家長의 역할을 하느라 저축한 돈도 없어서 여기서 떼어 저기 붙이듯 애쓰는 신부를 힘들게 한 것이 신랑 탓이라도 된 듯 슬그머니 미워졌다.

그러던 그녀가 신랑 고향의 시골 성당에서 5월의 신부가 되었다. 드레스에 곱게 싸인 그녀는 하얀 나비처럼 고왔다. 혼례는 미사 의식과 겸해 있어서 예식 중에 신부에게 살며시 다가갔다. 친척도 적은데 꼭 참석하겠다던 내 말에 미리 고마워하던 그녀는 무척 반가워하였다. 가늘게 떨고 있는 그녀의 손을 꼭 쥐어 주었다. 얼굴 가득 행복을 담고 있는 신랑을 보자 예단 때문에 신부 마음을 서운케 해서 밉던 일도 어느새 잊혔다.

친정어머니 자리에 고모께서 꽃을 꽂고 앉아 계신 것이 마음 아려 신부 쪽으로 얼굴을 돌릴 때였다.

"장모가 없다네. 글쎄."

"친정아버지도 논다는구먼."

"동생은 아직 군인이래요."

"우리 아들도 장모 없는 처갓집은 영 가기 싫어하대요."

바닥 좁은 시골이라 예단 문제 때문에 집안에서 새어 나간 말이 이리저리 꼬리를 물고 다녔던 것 같다. 예식이 진행될수록 그들은 이야깃거리라도 생긴 듯 신부 집안 얘기를 주고받았다. 심지어는 신부 쪽 혼주석을 가리키기도 하였다. 나는 혹시라도 그 소리들이 파편이 되어 하얀 면사포를 얼룩지게 할까 봐 조마조마했다.

벼논에서 피를 뽑듯 그 사람들을 자리에서 쫓아내고 싶을 때 그 말들을 묻어 버리기라도 하듯 축가 순서가 되었다. “사랑 안에서, 믿음 안에서, 소망 가운데 손잡고” 살아가라는 축가가 성당 안에 곱게 퍼져 나갔다. 신부의 속눈썹이 파르르 떨리는가 싶더니 눈물이 방울방울 흘러내렸다.

남동생이 얼른 손수건을 갖다 주었지만 가늘게 시작된 그녀의 눈물은 축가가 이어질수록 더욱 굵어졌다. 그녀의 모든 아픔이, 마음 고생한 일이 눈물로 흘러내리는 것 같아 마음이 짠했다. 신부 화장도 얼룩지고, 손님들도 계신데 어쩌나 하는 걱정을 하던 순간 나는 깜짝 놀랐다. 혼주석에 앉아 있던 시어머니께서 옥색 한복을 추스르며 신부에게로 다가가는 것이었다.

‘좋은 날에 눈물 보이는 새 며느리에게 한 소리 하시려나 보다.’ 그렇지 않아도 예단 때문에 밉보인 것 같았는데 은근히 걱정이 되었다. 그러나 다음 순간 나는 숨을 멈추었다. 신부 곁에 멈춘 시어머니께서는 손수건으로 며느리의 눈 주위를 곱게 닦아 주셨다. 그리곤 우는 아이 달래듯 껴안으셨다. 축가는 계속 흐르고 사람들은 손뼉을 쳤다. 말하지 않아도 모두 안다는 듯이 새 며느리 가슴의 응어리를 토닥이며 풀어 주신 그 시어머니의 모습이 순백의 신부보다 더 아름답게 보였다.

눈물을 거두고 웃으며 행진하는 신랑 신부를 위해 하객들은 긴 마라톤 끝에 우승한 선수에게 축하를 하듯 오래 오래 손뼉을 쳤다. 슬쩍 뒤를 돌아보니 얼룩진 축하를 하던 뒷사람들도 미안했던지 더 길게 축하를 해 주고 있었다.

"아가, 아들딸 쑥쑥 많이 낳아라."

다홍치마 가득히 알밤을 던져 주시는 시어머니의 사랑이 앞으로 사랑 듬뿍 주겠다고 하시는 것 같았다. 편히 딸 맡기는 친정어머니 같은 마음이 든다고 하자 남편은 친정 엄마가 어지간히도 젊다고 웃었다.

그러던 그녀가 들려준 상큼한 삶의 목소리. 외풍이 셀 것만 같던 그녀의 결혼 생활에 든든한 바람막이가 되어 준 시어머니의 사랑을 듬뿍 받고 있는 그녀의 통통 튀는 목소리가 내 나른한 오후를 시원하게 물고 달아났다.

못자리

오랜만에 나에게 휴가를 주었다. 진주晋州에서 문학 활동을 하는 한 여선생님의 전화가 내 발길을 진주로 향하게 했다. 그렇다고 무작정 진주행을 결심한 것은 아니다. 내 마음에 날개를 달아 주고 싶었기 때문이다. 진주는 몇 번 다녀왔지만 혼자 나선 길은 처음이다.

차창에 빗방울이 하나, 둘 점처럼 꽂히기 시작한다. 가볍게 입고 나온 팔에 한기가 느껴진다. 현풍과 창녕을 지나는 산야에 개망초꽃이 무더기무더기 피어 있다. 산꼭대기부터 번진 녹색에 연한 풀들까지 초록 물이 들고 있다. 그런데 그 초록 자락 끝에 섞인 색깔이 눈에 들어온다. 어느새 보리가 익어 가고 있다. 마치 여름 속의 가을을 보는 것 같다. 녹색을 배경으로 누렇게 익어 가는 보리밭이 묘한 대조를 이루는 들녘을 지나는데 아주 '작은 시작'이 눈에 들어온다. 잘박잘박 물을 머금고 있는 못자리 위로 동자승 머리같이 쏙쏙 솟은 작은 모들이 내리는 비에 더욱 싱싱해 보인다. 그 모들이 착하고 고와 보여 차창에 손을 가져다 댔다. 저 멀리 있는 작은 모들이 손바닥에 닿는 것 같았다.

버스가 낙동강을 감고 돌아 나간다. 나는 물이 좋다. 끝없이 넓은 바다보다는 건너편이 보이는 강이 더 좋다. 이건 아마 도시에서 나고 자란 때문인지도 모른다. 사람들 흔적을 완전히 떠나서는 왠지 허전할 것 같은 마음이 들어서이다. 내가 소리치면 강은 건너편 기슭에서 답을 할 것 같아서 편안하다. 올해는 범람하여 애태우는 일 없이 사람들 답답한 가슴 모두 훑어 주며 마음 넓게 흘러 주기를 바라는데 함안의 연당이 연한 녹색으로 안겨 온다.

아련한 길을 나선 내 여행은 '정애'라는 그녀를 만나면서 안착되었다. 나보다 열 살은 아래라는 그녀는 쌍꺼풀 수술이 어색한 듯했지만 소녀처럼 해맑은 미소를 지니고 있었다. 이메일로 나이를 밝혔기 때문에 그녀는 중년의 중후한 아줌마를 상상한 듯 빨간 원피스를 입고 가볍게 차에서 내리는 나를 보고도 지나쳤다. 바로 곁에 두고도 휴대 전화로 서로를 알아보고 한참을 웃었던 우리는 시청 옆의 찻집에 자리를 잡았다.

이렇게 우리가 만난 것은 내 글을 읽고 위로를 받았다고 그녀가 연락을 해 왔기 때문이다. 그녀는 뇌성마비 조카를 둔 올케의 이야기를 쓴, 내 글을 한 문학지에서 읽고 꼭 한번 만나고 싶다고 메일을 보내왔다. 그리고 그 이유는 곧 알게 되었다. 초등학교 6학년인 그녀의 딸 '지혜'는 뇌성마비 장애를 가진 소녀였다. 그런데 글 쓰는 엄마를 두어서인지 속내를 글로 풀어 가며 시詩도 잘 쓴다고 자랑하는 그녀의 얼굴이 티 없이 맑았다.

하늘이 유난히 푸르던 날, 하얀 병원 문을 나서며 오열하던 올케를 보았기에 그녀의 숨은 아픔을 누구보다 잘 알 수 있었다. 백일이 지나도록 목을 못 가누던 조카를 안고 찾았던 병원에서 뇌성마비라는 무섭고도 믿기 어려운 판정에 쓰러지고 말던 올케의 아린 날이, 그리고 그 긴 아픔이 다른 고통을 달래 주는 새로운 위로가 되고 있었다. 그랬구나. 스물일곱 살의 젊은 엄마로서 감당하기에는 너무도 큰 짐을 져야 했던 올케처럼 그녀도 아프게 '엄마'라는 고개를 넘고 있었다.

뜨문뜨문 말이 끊기는, 발음조차 어둔한 딸의 전화를 받으면서 진득이 기다려 주는 그녀를 보며 나는 내가 너무나 사치스러운 나들이를 나선 것 같아 그녀의 얼굴을 바로 볼 수가 없었다. 울적한 마음을 달래려 내 하루를 차용해 떠난 여행에 그녀는 모든 것을 쏟고 있었다. 진주晋州 오는 길에 특별히 시간을 내었다는 내 말에 연신 고맙다던 그녀는 내 여행이 온통 방황의 자락이었음을 전혀 눈치채지 못했다.

아침부터 같이 떠났던 비는 돌아올 때까지 줄곧 나와 동행했다. 슬픈 사람이 참 많은 하루였던가 보다. 이렇게 비가 종일토록 내리다니. 울다가 그치다가 또 우는 사람들의 마음을 아는지 비는 굵어졌다 잦아지기를 연달아 한다. 흘러내리는 빗물이 사람들의 슬픔을 대신 울어 주는 눈물 같다. 빗방울을 만지기라도 하듯 손바닥을 갖다 댔다. 차창을 사이에 두고 만져지지 않은 애틋함이 더 촉촉이 전해 온다. 뇌성마비 장애아를 키우면서도

"형님, 힘든 날보다는 그래도 좋은 날이 더 많아예."

하며 망초꽃처럼 하얗게 웃던 올케의 눈물이 빗물 위로 반짝이며 번져 간다.

느닷없이 날아든 모래알 때문에 수없이 울어야 하는 조개처럼, 살다 보면 피할 수 없이 맞아야 하는 아픔과 싸우느라 속울

음을 울어야 할 일도 많다. 그럴 때, 그 눈물로 아름다운 진주를 만들어 내는 조개처럼, 눈물의 날들이 우리네 삶을 더 아름답고 영롱하게 해 줄지도 모른다. 그러기에 장애아를 둔 엄마의 아픔을 삭이느라 흘리는 올케와 지혜 엄마의 눈물은 누구보다 아름다운 삶의 보석을 만들어 낼 수 있으리라.

'어린 모'들 위로 어둠이 내리기 시작한다. 여린 '초록'들도 지친 하루를 접고 있다. 내일 아침에는 밤새 맞은 비를 툭툭 털며 더 씩씩하게 일어날 것이다. 어둠이 내리는 차창에는 내 모습이 어른거리며 나를 보고 있다. 착실하게 하루를 시작하고 하루를 접을 줄 아는 못자리를 본 그날의 진주행은 눈물을 흘려야 자라는 진주珍珠 씨 한 점을 내 가슴 깊숙이 박아 주었다.

뭍바람

큰맘 끝에 바쁜 일상을 접고 제주도로 길을 나섰다. 장마 전선의 불안정한 기류 탓에 비행기는 비포장도로를 달리듯 흔들렸다. 비행기 멀미까지 한 후 내린 제주도엔 비 흔적이 잔뜩 묻어 있었다.

신혼 살림을 제주도에 푼 아들네 집에 들를 겸 나선 손위 시누이 내외가 우리 부부를 같이 초대한 것이다. 유난히 등산을 좋아하는 시매부께서 다른 일정에 앞서 먼저 한라산 등정을 고집하셨다. 백록담을 만나기 위해 이튿날 일찍부터 서둘러 나선 우리는 한라산 중턱의 '진달래밭 대피소'에서 걸음을 멈추어야 했다. 바람이 심하게 불고 안개가 자욱해서 정상頂上까지 접근하는 것이 허락되지 않았기 때문이다. 어쩌면 다시 찾아 달라는 한라산의 속 깊은 마음이라 여기며 아쉬운 마음을 접었다.

백록담과 만나지 못한 서운함을 묻어 둔 채 우리 일행은 제주의 바다와 자연을 만나러 나섰다. '여미지 식물원' 안에 있던 식물들의 자락과 '한림공원'의 너른 광장에서 다시 악수를 하였다. 옥잠화, 후박나무, 자귀나무 등과 만나는 우리 앞에 부겐베리아 분홍 꽃잎이 주단을 깔며 흩어졌다. 알맞게 자란 쥐똥나무 울타리 옆에는 줄기를 업으며 올라가는 능소화가 주홍빛 나팔을 싱싱하게 불고 있었다.

분재원에서는 100년, 200년을 너끈히 산다는 나무들을 보며 유한한 인생에 대해 다시 한 번 생각해 보았다. 그러면서도 100년도 채 못 사는 우리들은 250년이나 되었다는 느릅나무 앞에서 으쓱대며 포즈를 취했다.

안개와 바다가 절묘하게 어우러진 길 끝에서 만난 '주상절리'는 절로 감탄을 자아내게 했다. 살면서 때로 '돌같이 까딱 않는 일'처럼 마음먹은 대로 되지 않는 세상일 때문에 허기져 산 시간들도 참 많았다. 그러나 그 허기진 시간들이 바로 마음을 채우며 달래 주는 약이 될 때도 있었다. 깎아지른 듯한 육면체의 바위벽

앞에서 그 무딘 돌도 파도에 깎여 가며 야문다는 것을 배웠다.

'수월봉' 자락에 올랐을 때는 제주의 바다를 다 품은 듯했다. 어머니 병을 고치기 위해 약초를 구하던 '수월'이 마지막 약초인 오갈피를 절벽 아래에서 구하였다는 수월봉 비탈에는 보라색 엉겅퀴꽃이 지천으로 피어 있었다. 해안 일주 도로를 노랗게 장식하던 백련초 가시는 오래도록 따끔거리며 제주도를 못 잊게 했다.

이렇게 우리 일상에 생기를 가져다 준 그 여름 나기에는 신혼인 조카 내외가 길라잡이가 되어 주었다. 우리는 갓 애잎을 틔운 조카의 신혼 생활이 늘 행복하기를 비는 것으로 고마운 마음을 대신하였다.

제주 여행을 마치고 돌아온 우리를 기다리는 건 그동안 멈춰진 일상이었다. 제주의 바다와 한라산의 산수국山水菊이 여전히 마음에 각인되어 있는데도 우리는 현실의 삶으로 다시 편입을 해야 했다. 그것도 아주 빠른 속도로. 언제든지 다시 돌아갈 수 있으리라는 믿음을 지니고 있기에 아무리 사소한 일상일지라도 그것은 소중하다. 평범한 일상이 있기에 잠시 동안의 일탈이 특별한 행복일 수 있는 것이다.

그런데 때론 그 일상 속으로 다시는 회귀할 수 없는 부메랑이 날아들 때도 있다. 한라산의 산죽山竹 속에서 만난 노루처럼 연한 눈빛을 가진 조카는 이제 더 이상 초록으로 짙어질 수가 없다. 유채꽃이 제주도를 노랗게 물들이던 지난봄, 공중보건의로 근무하던 제주도에 치과를 개원해서 열심히 생활하던 조카는 눈 감고도 다닐 수 있을 만큼 훤했던 집 앞 도로에서 교통사고로 목숨을 잃었다. 제주도 곳곳에 언제나 시원한 바람으로 남아 있을 것 같던 조카는 수월봉 비탈에 피어 있던 엉겅퀴 꽃빛 같은 진한 핏빛으로 져 갔다.

살림의 나이테가 채 자리도 잡히지 않은 질부는 첫돌도 지나지 않은 아들을 안은 채 그 아픈 제주도를 떠났다. 그날 이후, 남은 사람들은 '제주도'란 말만 들어도 불에 덴 듯 가슴이 얼얼해서 아무도 그 말을 입에 담지 않았다.

올여름은 유난히 덥다. 그래서인지 바람의 섬, 제주도가 더 그립다. 그러나 제주도의 바닷바람은 이제 더 이상 우리에게 시원하게 불어 주지 않는다. 조카의 젊음이 파도가 되어 하얗게 부서진다. 남은 자의 가슴에 지절한 울림으로 안기는 하얀 포말. 하지만 물살에 단단해진 주상절리의 바위벽처럼 언젠가 그 상처에도 굳은살이 박이리라 믿어 본다. 그때쯤이면 남은 우리들도 시간을 여미고 일어나 그 안개 바다 속을 다시 담담하게 걸어갈 수 있을 것이다.

다 못 오른 한라산을 곧 다시 찾자며, 일상처럼 나누었던 그 가벼운 작별이 이리도 무거운 이별이 될 줄 조카는 알기나 했을까? 스냅 사진 속의 조카가 한라산의 산수국처럼 파릇이 웃고 있다. 섬에서 살던 바람이 뭍으로 나가고 싶어 하듯 사랑하는 사람들 곁으로 나오고 싶어 하는 조카의 마음일까? 보랏빛이 수채 물감처럼 번지는 산수국 사이로 뭍바람 한 자락이 애련하게 울고 간다.

감은사지 여정

여름의 끝자락에서 마음속에 내내 자리 잡고 있던 감은사지를 찾았다. 전날 지리산 노고단을 오르고 구례 화엄사를 돌아온 뒤라 피곤하였지만 마음속에 빚을 진 것처럼 늘 다시 가 보려고 마음먹었던 곳이라 내친김에 길을 나섰다. 천 년 신라의 호흡이 항상 숨 쉬고 있는 경주는 시내 어디를 가나 신라를 접할 수 있는 흔적들이 많다. 그런데 전설을 대하듯 책에서나 만나고, 바쁘다는 핑계로 자주 가 보지 못한 것이 사실이다. 대구에서 가까운 곳에 위치해 있다는 핑계로 더 소홀했는지 모른다.

토함산 자락을 타고 동해로 차를 몰았다. 장항사 폐사지를 지나 대종천을 감고 달리다 보니 메밀꽃이 눈이 부실 정도로 하얗게 피어 있다. 소박한 그 모습이 늦더위 속에서 더욱 고와서 한 참 동안 눈을 떼지 못했다. 붉은 줄기에 초록색 잎을 입은 채 하얗게 꽃을 인 모습이 마치 신부가 면사포를 쓴 것 같다.

그 하얀 꽃을 뒤로하고 '기림사'와 '양북'을 지나 감은사지에 다다랐을 때는 무척이나 반가워 한걸음에 내닫고 싶었지만 자국걸음으로 절터를 조심스레 밟으며 올랐다. 입장료도 받지 않고 지나가는 길손에게 물 한 모금 주듯이 편안하게, 그러면서도 한참을 머물게 하는 흡인력으로 감은사지 석탑은 우리를 맞아 주었다. 뒤따라 올라온 젊은 부부는 탑은 뒤에 두고 사찰을 찾느라 이리저리 두리번거리고 있다. 절터 앞에서 옥수수를 파는 아주머니께서 "여기가 감은사지라우." 하고 건네는 말이 몇 해 전 감은사지를 찾았던 우리처럼 헤매는 사람들이 있음을 말해 주었다.

신라 문무왕이 왜병을 진압하기 위해 짓기 시작하였으나 끝을 맺지 못하자 아들인 신문왕이 완공한 감은사지는 동해를 눈앞에 둔 나지막한 산기슭에 터를 잡고 있다. 절터에는 2층 기단 위에 3층의 탑신을 올린 모양으로 신라 석탑의 전형을 보여 주는 석탑 2기가 대종천大鐘川을 앞에 두고 서 있다. 거대한 불상이나 대웅전을 갖춘 웅장함은 가지지 않았다. 하지만 어느 절보다도 자신 있는 모습으로 동해를 바라보며 대왕암을 굳건히 지키고 있다.

감은사의 금당金堂은 문무왕이 죽은 뒤 그 화신인 용이 출입할 수 있도록 신문왕이 건립한 것으로 이야기되고 있다. 감은사 경내까지 바닷물이 들어왔는지, 용이 드나들었는지 신화나 설화의 의미로만 느끼고 있지만 그 묵묵함을 보면서 반드시 그랬을 것이란 생각이 들었다. 죽은 후에도 해룡海龍이 되어 나라를 지키겠다던 문무대왕의 뜻을 되새기며 감은사지에서 천 년의 세월을 더듬어 보았다.

감은사를 생각하면 만파식적萬波息笛을 떠올리게 된다. 신문왕이 만들었다고 전해지는 피리를 불면 나라 안의 근심거리가 모두 사라진 만파식적 설화는 삼국 통일 이후 흩어져 있던 백제와 고구려 유민의 민심을 통합해 나라의 안정을 꾀하려 했던 호국 사상을 품고 있다. 갈라진 대나무가 합한 후에야 소리를 내는 그 화합의 이치야말로 '우리'가 아닌 '나'와 '너'로 살아가느라 바쁜 오늘의 우리들에게 들려주는 깊고 강한 메시지일 것이다.

자드락밭에 자리한 감은사지는 석탑 주변에 뚜렷한 상징물이나 건축물도 없어서 자세히 살피지 않으면 그냥 지나치기 쉽다. 그러나 그 소박한 모습은 신라 천 년의 숨소리를 안고 만파식적의 은은한 울림을 들려주듯 우리를 포근하게 맞아 준다. 느티나무를 배경으로 마주 서 있는 석탑이 신라의 얘기를 전해 주면서.

감은사지 쌍탑 옆에 나란히 서서 천 년 하고도 삼백 년을 훌쩍 지난 세월을 끼워 넣어 본다. 그 청아한 가르침이 세월이 흘렀다고 어찌 빛이 바래겠는가? 소통의 부재 속에 살아가는 우리들에게 둘이 합하여 하나가 된다는 가르침을 알려 주는 청일한 만파식적의 가락. 나는 어느새 하늘마음 한 자락을 그러안는다.

예쁘네요

"오늘 왜 이렇게 예쁘게 하고 왔어요?"

의사 선생님께서 반색하며 맞아 주신다. 예쁘다는 말, 이제 그 말이 서툰 나이가 된 지 오래다. 젊을 때도 잘 들어 보지 못했던 말을 나이가 들어서, 그것도 의사 선생님으로부터 들으니 기분이 좋았다. 치료를 받고 좋아지고 있다는 것을 선생님은 이렇게 표현하신다.

자주 어지럽기도 하여 병원을 찾아도 그때마다 큰 문제는 없다고 하시며 가벼운 두통에 대해 처방해 주곤 했다. 그런데도 왠지 개운치 않을 때가 있기에 문학회에서 알게 된 의사 선생님을 찾았다. 문진을 하신 선생님께서 MRA 검사를 통해 혈관 상태를 파악해 보자고 하셨다. 몇 번의 병원 방문 시 다른 의사 선생님들께도 여쭈어 보았을 때 그럴 필요까지 없다고 하셨다. 그런데 이번에는 혈액의 흐름을 보자고 하시는 선생님의 지시를 따랐다. 촬영 결과, 혈액 흐름이 원활치 않다고 하셨다. 심장도 약한 편이어서 혈액 순환이 잘 안 되어 어지러울 때가 많았을 것이라고 하셨다.

그리고 열흘 만에 한 번씩 병원을 찾게 되었는데 예쁘게 하고 왔다며 의사 선생님께서 거듭 칭찬을 하셨다. 그러고 보니 처음 병원에 들르던 날은 몸이 너무 괴롭다 보니 표정도 시들마른 낙엽 같았을 것이다. 그리고 두 번째 들렀을 때도 출근을 하지 않는 날이라 가볍게 입고 화장기 없는 얼굴로 찾았으니 창백하게 보이기도 했을 것이다.

다음 진료부터는 병원의 야간 진료에 맞추어 퇴근 후에 찾게 되면서 출근했던 차림으로 가니 조금은 생기가 있어 보였나 보다. 연이어 두 번씩이나 예쁘다고 말씀하시니 칭찬받은 어린애처럼 기분도 좋아지고 몸도 가벼워지는 것 같았다.

선생님은 서두르는 법 없이 환자들 한 명 한 명에게 말씀을 나누며 진료를 하셨다. 외국에서 의료 활동을 하실 때도 문진을 오래 하셨다는 선생님께서 밝은 색 옷을 입고 웃으며 들어서는 내가 환자로서도 대견해 보이셨던가 보다. 나는 선생님의 그 마음이 더 고마웠다. 병이 호전된다는 것은 환자가 의사에게 고마워해야 할 일인데 도리어 선생님께서 더 기뻐하시니 얼마나 따뜻한 진료인가.

네 번째의 만남인데도 우리는 오랜 친구처럼 진료 외의 이야기도 나누었다. 선생님께서는 '마음이 따뜻한 사람'이 좋다고 하셨다. 선생님은 어떤 사람을 따뜻하다고 하실까? 그러고 보니 진료실 곳곳에 감사 편지가 놓여 있는 것이 눈에 띈다. 다양한 곳에 봉사 활동을 다니며 그들과 나눈 마음을 받아서 소중하게 보관하고 계신 것이었다. 어쩌면 선생님이 따뜻한 분이기에 그런 정情을 더 반기시는 것이라는 생각이 들었다.

"이렇게 하고 오니까 얼마나 좋아요."

병원에서는 아무래도 어두운 얼굴의 환자를 많이 만나는 터라 밝은 색의 옷을 입고 웃으며 들어서는 내가 예뻐 보이셨나 보다.

진료하는 사이사이에 우리는 그날마다 한 가지씩 이야기를 나누었다. 지난번에는 같이 알고 있는 어느 작가 선생님이 무거운 병에 걸리셨는데 쾌유할 수 있도록 함께 기도하였다. 우리에겐 글 쓰는 일이 우울증 치료도 될 수 있으니 큰 축복이라 여기자는 마음을 나눴다. 그리고는 많이 호전되고 있다고 진료 결과를 말씀하신 후, 병원 입구에서 꽃 가게를 운영하는 33세의 이혼녀가 스스로 목숨을 끊었다며 안타까워하셨다.

선생님께서는 건강이 가장 중요하니 태교를 하듯 좋은 것만 보고, 좋은 것만 생각하라고 하셨다. 살면서 이런 저런 일로 마음에 얼룩이 지는 일 또한 얼마나 많겠는가. 그러나 그 속에서 웃음을 간직하고 따스함을 여민다는 것이 큰 축복이라는 생각이 들었다. 그리고 희아리처럼 얼룩진 마음을 글로 여밀 수 있음도. 약으로 고치는 것이 아니라 마음으로 먼저 어루만지는 처방을 받은 나는 음식 조절도 잘하고 운동도 열심히 하는 착한 환자가 되었다.

꽃집 여인의 아픔을 진작 같이 나누지 못했던 것을 아쉬워하던 선생님과 실비 곱게 내리는 날, 은은한 재스민 차 한 잔 나누고 싶은 생각이 들었다. 그 마음에 답을 하듯이 다음에 보자는 선생님의 상큼한 목소리에 연인들이 다음 만남을 기약하듯 고개를 끄덕여 보이고 진료실을 나섰다.

병원 진료와 봉사 활동을 겸하느라 바빠서 손수 손질하신다던 단발머리가 오늘따라 선생님을 더 사뜻하게 보이게 한다. 그 어느 날보다 더 신나는 처방을 받아 들고 나서는데 선생님의 기분 좋은 배웅이 따라나선다.

"오늘 참 예쁘네요."

내 사랑은 파스텔 톤이다

세상에서 가장 아름다운 유채색 언어는 '사랑'이다. 그런데 그 유채색은 사람마다 모두 다르다. 무지갯빛 그 영롱한 색의 조화가 있던 날들이 봄 속에 다시 핀다.

벚꽃이 속살을 아낌없이 드러내는 봄이다. 살짝 건드리면 분 냄새가 날 것 같기도 하고, 아기 젖내가 날 것 같기도 한 벚꽃이 분분한 계절에는 누구나 봄이 된다. 세월의 강을 건너면서 어쩌면 내 삶의 유채색은 퇴색되어 무채색으로만 변한 것 같아서 우울한 날이 많았다. 봄처럼 화사한 날보다는 구름이 드리운 날이 더 무게가 있는 듯 느껴지던 것도 그래서일 것이다.

벚꽃이 나비처럼 날아다닌다. 나도 나비처럼 이리저리 팔랑거리며 그 여린 꽃잎을 손바닥에 넣으려 애를 썼다. 그런데 나무에 달려 있을 때는 무게감이 있는 듯하던 그 꽃잎이 가벼운 깃털처럼 날아다녀 좀처럼 손에 잡히지 않는다.

"벚꽃이 떨어질 때 잡으면 첫사랑이 이루어진대요."

야외 수업 중 태원이가 한 말이다. "그런가?" 하고 웃으며 이리저리 꽃잎을 낚으러 다니는 나를 보고 애들이 봄꽃처럼 나부끼며 웃었다. 세월이 몇 굽이나 흐른 지금 내게 남은 첫사랑의 색깔은 무엇일까? 아이들이 생각하기에 내게는 그 색깔이 이미 빛바랜 지 오래일 것이라고 여길지 모른다.

그렇지만 내게도 봄은 있었고, 내게도 유채색의 첫사랑은 있었다. 그런데 그 첫사랑이 누구였을지 생각하니 너무도 아득하다. 참 이상하다. 분명히 진달래 망울 터지듯 가슴 설레던 첫사랑이 있었을 텐데 지금 생각하니 그날들이 잊힌 옛일처럼 여겨지는 것이 아니고 낯익은 손님처럼 곁에 앉아 있다.

세상 어디엔가
우리가 아직 만나지 못한 사람들이
살고 있다는 것은

그것만으로도 얼마나

가슴 두근거려지는 일이겠니!

—나태주, 「가보지 못한 골목들을」 중에서

시인의 말이 맞다면 나는 아직 두근거리는 나이를 살고 있다. “세상 어디엔가 아직 만나지 못한 사람들”이 있기 때문이다. 때로는 낯선 사람들을 만나는 것이 어색해서 그런 자리를 피하려 한 적이 많았다. 그런데 그 낯선 인연의 연결이 가슴 데우는 일이라면 돌아설 일이 아니지 않은가.

인간문화재이신 명창名唱 박 선생님께서 강원도 봉평을 다녀오는 길이라며 전화를 하셨다. 작년 여름 모 문학지에 실린 내 수필을 읽으시고 소리를 하듯 글을 따라 읽었다며 연락을 하셔서 우리의 소리와 문학 이야기를 나누게 된 분이다.

동부 민요의 전통 음계를 소재로 제작한 다큐멘터리 영화로 국제 영화제에서 대상을 차지하셨다고 기쁜 목소리로 전화를 주시기도 하셨다. 그 영화 촬영장에 초대되어 갔을 때가 생각난다. 경주 함월산의 천여 평이나 되는 억새밭 자락에 은색이 휘감길 때 「한 오백 년」의 구성진 가락에 따라 휘날리던 만장輓章이 단풍처럼 곱던 모습이 영화 속에 고스란히 담겼다.

그때 먼 길을 찾아오며 정이 담긴 무지개 송편까지 들고 와서 두고두고 고마웠다며 삶의 틈틈이 소식을 전해 주시고, 안부를 묻곤 하셨다. 그러던 선생님께서 메밀꽃으로 유명한 봉평을 지나면서 내 생각이 나셨다고 깊은 가을 속에서 전화를 하셨다.

강원도 굽이굽이를 달리며 누군가를 떠올리실 때 그 누군가가 되었다는 것이 이젠 고마운 나이가 되었다. 좋은 글 많이 쓰라고, 또 같이하는 무대에서 시 낭송을 꼭 듣고 싶다고 하시던 박 선생님은 지천명이 되어서 새로 엮은, 은은한 파스텔 톤의 인연이다.

구룡포의 봄

구룡포에 봄이 오면 이곳 사람들 가슴에도 그리움이 돋아난다. 갈매기가 하늘을 온통 회색으로 덮으며 부둣가를 맴돌면 구룡포에 봄이 진입한 것이다. 바닷바람을 등지고 쪽찐 듯이 앉아 있던 갈매기 떼가 운동장 위를 빙빙 돌다 활강하는가 하면 교실 창가에 와서도 "끼륵 끼륵" 소리를 신나게 내며 해동解凍의 기쁨을 만끽한다. 비둘기나 참새가 창가에 앉아 있는 모습은 간혹 보았어도 갈매기가 창틀에 앉아 있는 모습은 처음 접한, 그야말로 장관壯觀이었다.

바닷가 산자락에도 진달래가 핀다. 해풍이 강해서 여린 꽃잎이 견디기 힘들 것만 같은데도 그 바닷바람을 맞으면서 연분홍 얼굴을 내민다. 또 노랑 저고리를 차려입은 듯한 개나리도 같이 핀다. 이처럼 구룡포에 분홍과 노랑이 물들기 시작하면 겨우내 오징어와 과메기를 바쁘게 손질하던 덕장 사람들에게도 봄이 온다.

구룡포엔 봄바람이 유난히 강하게 분다. 그 가운데 있다 보면 봄은 멀었을 것 같다. 하지만 바닷가로 이어진 마을 초입에 들어서서 양옆으로 길게 늘어선 벚나무를 바라보면 생각이 달라진다. 터널을 이뤄 마주 보고 서 있는 벚나무의 발그레한 꽃망울이 젖꼭지같이 부풀어 햇살 한 줌만 더 받으면 톡 터질 것만 같다. 마치 정인情人의 손길에 떨며 열리는 여인의 젖가슴처럼. 구룡포의 봄은 그렇게 열린다.

그렇게 봄바람이 옷깃을 스칠 때면 바닷가의 봄은 비로소 두꺼운 겨울옷을 벗는다. 그래서일까? 쪽빛 물빛이 금세 세수한 아낙의 맨 얼굴을 바라보는 듯 상큼하다. 그리고 신기한 것은 갈매기들은 하늘을 날아다닐 때는 서로 교차되기도 하지만 갯바위나 모래톱에 모여 앉아 있을 때는 모두 같은 방향을 바라본다. 가로등에 앉을 때도 곡예를 하듯 끝에 앉는다. 얼핏 보면 마치 갈매기 조형물인 것처럼 날렵하게 보인다.

바다는 바라보는 위치에 따라 그 모양을 달리한다. 운동장에서 바라보는 바다는 수평의 가슴으로 안겨 오다가 4층의 창가에서 바라보는 바다는 한 폭의 그림이 되어 가슴벽에 걸린다. 갈매기는 바다 위를 고추잠자리처럼 빙빙 돌다 그래도 심심하면 동네 한 바퀴를 다 같이 돈다. 그러면서도 엄마 치맛자락을 붙잡듯이 바다를 멀리 떠나지 않는 것을 보면 신기하다.

구룡포는 관음 도량처럼 바닷가에 있다. 우리나라 사찰 중 4대 관음 도량인 강원도 낙산사의 홍련암과 석모도 낙가산의 보문사, 그리고 남해 보리암과 여수 향일암도 바닷가에 있다. 사람들이 어려움에 처하거나 답답할 때, 부를 수 있고 의지할 대상이 있다는 것은 크나큰 힘이 된다. 하늘을 담뿍 안은 바다를 끼고 있고, 파도 소리를 맑게 안고 있는 구룡포도 이처럼 많은 사람들이 마음으로 비는 기도처일 것이다.

다른 바다에서는 흔히 볼 수 있는 작은 섬들이 아무리 멀리 바라보아도 구룡포 앞바다에서 볼 수는 없다. 그래서 풍랑이라도 일면 사고가 더 크게 일어날 확률이 있긴 하다. 그러나 어쩌면 막힘없이 망망대해로 뻗어 있기에 그 해조음은 더 맑고 청아하여 기도를 올리는 사람들의 허전하고 힘든 마음을 어루만져 주는 것일지 모른다.

그렇게 사람들의 마음을 편안하게 해 주는 해조음이 들리는 바닷가에서 하루를 열고 하루를 닫으며 3년을 보냈다. 그러면서 마음속 기원을 파도에 실어 보내면 포말이 답을 실어다 주었다. 일렁이는 바닷물 위에 때론 꽃잎처럼, 때론 나뭇잎처럼 빙빙 떠 있는 갈매기가 해조음을 전달해 주는 배달부인 듯했다.

오랜만에 그리던 바다에 다시 섰다. 살아가는 시간이 때론 호흡이 멎을 만큼 힘겨울 때도 많지만 그럴 때면 심호흡을 하듯 그림 같은 바다를 그려 왔다. 그러노라면 그림 속에 내가 들어간 듯 구룡포 바다가 안겨 오곤 했다. 그 바다, 구룡포에서 나는 오늘 봄 편지를 쓴다.

내 맘속에 등대 하나 세워 놓고
먼 바다 내다보며 그리움을 비춘다

내 맘속에 포구 하나 들여놓고
오가는 바람 자락 손님으로 맞는다

구룡포의 가을

구룡포의 가을은 하얀색이다. 농촌의 가을이 노릇노릇 익어 가는 노란색이고 산촌의 가을이 울긋불긋 물드는 단풍색이라면 구룡포의 가을은 오징어의 속살이 바람에 나부끼는 하얀색이다.

동해안을 잇는 7번 국도를 살짝 벗어나 포항에서 울산으로 가는 31번 국도를 달리다 보면 구룡포의 상징인 과메기를 알리는 광고판이 보인다. 그 광고판을 안고 왼쪽으로 돌아 “어서 오십시오. 구룡포입니다.”라는 손님맞이에 화답하면 ‘라곡서원’ 주변에 구룡포의 상징인 과메기와 갈매기 모양을 꾸며 놓은 잔디밭이 나온다.

과메기와 갈매기 몸체에 단추처럼 장식된 눈알이 하도 익살스러워 머물라치면 길녘의 코스모스가 어느새 부둣가로 길 안내를 나선다. 구룡포의 코스모스는 앙증맞다. 요즘은 어른 키를 훌쩍 넘는 것도 많은데 구룡포의 코스모스는 걸음마를 갓 배우는 아이들이 손잡고 걸을 수 있을 만큼의 키로 옹기종기 피어 있다. 그 코스모스 꽃길이 끝나는 곳에 구룡포항이 아늑하게 자리잡고 있다.

구룡포의 가을 바다는 가을 하늘빛을 닮았다. 그 바다에 부서지는 물비늘 속에 오징어가 널리기 시작하면 구룡포의 가을이 시작된다. 덕장을 가진 집에서는 오징어를 가지런하게 널어 말리지만 변변한 덕장을 갖추지 못한 집은 어디든 걸칠 데만 있으면 오징어를 넌다. 때론 빨랫줄에 덧걸어 말리는 집도 있어 눈에 띄는 곳에는 온통 오징어가 주렁주렁 매달려 있다.

나신裸身을 드러내고 해풍에 몸을 맡긴 채 '피데기(반건조 오징어)'로 말라 가는 오징어가 바람에 펄럭인다. 말리는 데 하루면 된다고 해서 울릉도에서는 '하루바리'라고도 하는 피데기는 구룡포의 또 하나 명물이다. 두고 온 바다가 못내 그리워서일까? 갓 널린 오징어의 온몸에서 물이 뚝뚝 떨어진다. 적을 만나면 뿜고 달아나려고 준비한 먹물 주머니도 빼앗긴 채 무장 해제된 포로처럼 축 처져 있다. 그러다 하루쯤 지나면 체념이라도 한 듯 몸에서 새파란 오기가 빠져나가며 구덕구덕 말라 가는, 오징어의 그 물 마르는 사연은 갯바위에 따닥따닥 앉아 있던 갈매기들이 다시 바다에 전해 준다.

가을철 구룡포의 주점에는 안주가 필요 없을지 모른다. 날이 저뭇해지면 소주 한 병을 뒷주머니에 넣고 거닐다가 곳곳에 널린 오징어 한 마리쯤 슬쩍 서리하는 정도는 맑은 바람, 아련한 달빛, 귓전을 울리는 파도 소리 탓이라고 변명해도 용서될 것만 같다. 기분 좋을 만큼 취해 가슴에 쌓인 이야기를 쏟아 놓다가 구룡포 시장통에서 어탕국수나 얼큰한 모리국수로 속을 달래면 바릇대며 사느라 답답하던 속도 후련해질 것이다.

포구 냄새가 아직 익숙하지는 않지만 바다를 보며 자란 아이들을 가르치며 그들로부터 오히려 바다를 배웠다. 불어오는 바람에 짠 소금기가 배어 있음도, 바닷가에서 비릿하게 나는 냄새가 생선의 비린내뿐이 아니고 향긋한 미역 냄새임도 알았다. 또 넘실대는 파도가 낭만의 유영만이 아니고 포구의 사람들에겐 삶이며 죽음이라는 것도 어렴풋이 깨달았다.

오징어는 낮 동안엔 200~300m의 깊은 수심에 머물러 있다가 밤이 되어서야 20m 안팎의 얕은 곳으로 나들이를 나온다. 그러나 집어등 불빛에 모여든 그 나들이는 형광빛으로 반사되는 새우 모양의 인공 미끼를 먹이로 착각하여 덥석 잡다가 그만 낚시에 꿰이며 끝이 나고 만다. 어부들이 낚싯줄을 당겨 올리면 긴 더듬이 팔 2개와 8개의 다리를 오므리며 감전된 것처럼 자지러져 보지만 짱짱하던 몸은 이제 더 이상 바다와 함께할 수 없다.

여름 꽃들이 이운 자리에 해당화 빛을 띤 파라킨사스 열매가 빨갛게 익어 간다. 자잘한 나무와 꽃들이 해풍에 잘 견디지 못하는 바닷가에서 그래도 튼튼히 자라는 파라킨사스 초록 가지에 빨간 열매가 앵두처럼 매달린, 녹의홍상 같은 나무 위에 오징어 속살을 뉘어 본다. 지난여름의 뜨거운 날들과 이별하는 한해살이의 그 하얀 떨림이 가을 햇살 아래 서러울 정도로 눈이 부시다.

어제는 바다에서 푸른 꿈을 안고 헤엄치다 오늘은 눈물 흘리는 오징어처럼 언제까지나 머물 것 같다가 내일이라도 떠날 수 있는 것이 우리네 삶이다. 마지막까지 바다를 품으려 바동거렸을 오징어가 바람결에 하나, 둘, 수굿하게 고개를 숙이면 구룡포의 가을도 깊어진다. 그 구룡포의 가을에 아직 새물내 나는 내 포구浦口의 가을을 살며시 끼워 넣는다.

신부

대학원 후배 정연이가 결혼한다는 연락을 받았다. 마침 일요일이라 아침 일찍 서둘러 길을 나섰다. 석사 과정을 마치고 박사 과정을 공부하느라 그랬는지, 아니면 마음에 통하는 짝을 만나지 못했는지 결혼이 늦어져 걱정을 하던 중이었다. 그러다가 얼마 전, 한껏 들떠서

"언니, 저 결혼해요!"

하던 목소리가 발길을 더욱 바쁘게 끈다. 스치는 풍경에 모처럼 여유롭게 눈을 맞추고 싶어 시외버스를 탔다. 차창 너머로 마른 나뭇가지들이 아느작아느작한다. 그 나뭇잎들 속에서 봄을 본다. 예식장이 있는 상주는 시댁을 가려면 거치는 곳이다. 요즘은 승

용차를 타고 움직이지만 예전에 시댁인 예천을 가려면 완행기차인 비둘기호를 탔다. 그러다가 시외버스를 타고 오가던 길이다. 특히, 돌아가신 시어머니의 생신이 있는 봄에 길을 나설라치면 잔설殘雪 너머로 봄이 마중 나오던 길이기도 하다.

잊은 듯 잊지 않은 듯 그렇게 세월은 흘렀다. 서정주의 시詩 「신부」가 떠올랐다. 첫날밤, 신랑의 오해로 소박을 맞았지만 "40년인가 50년인가" 지난 뒤까지도 변함없는 모습으로 앉아 있다가 우연히 들른 신랑의 손길이 닿고서야 매운재로 폭삭 내려앉은 이야기가 담겨 있다. 여인의 마음을 아프면서도 아름답도록 초록 재와 다홍 재로 내려앉힌 시인의 마음이 느껴진다.

요즘은 결혼할 때도 신부들이 평상시에 입을 수 있도록 한복 색깔을 자유롭게 하기도 하지만 내가 결혼할 때만 해도 연두저고리와 다홍치마인 녹의홍상을 새색시는 가장 기본 옷으로 입었다. 오늘의 신부는 하늘빛 연한 저고리에 보랏빛과 분홍빛이 섞인 치마를 입었다. 저고리 앞섶도 유행에 따라 더 날렵하게 여며져 있다. 서른일곱 살의, 적은 나이가 아니지만 '신부新婦'라는 두 글자는 언제나 누구에게나 눈부신 이름이다. 자동차 회사의 외국 지사에 근무하는 동갑내기 신랑을 바라보는 신부의 두 눈에

'사랑 사랑 내 사랑'이란 말이 한가득 담겨 있다. 두 볼이 빨갛게 상기된 신랑 신부의 모습이 그저 사랑스럽다.

나도 그러했을 것이다. 신부가 된 내 모습을 보고 시아버지께서

"야들아, 유리 상자 하나 사 오너라. 새아기가 자그마해서 상자에 넣으면 그대로 인형 같겠구나."

라고 하셨다니 얼마나 사랑이란 이름으로 꿈을 꾸고 있었는지 짐작이 간다. 그러던 아버님께서도 어느덧 세월의 뒤란에 묻히셨고 나는 오지 않을 것 같은 나이 속에 있다. 신부란 이름은 까마득히 잊었고 사랑이란 이름으로 꽉 차 있던 순간 속에 사소한 서운함이 바람이 되어 불기도 했다.

앉은 채 검은 머리가 파뿌리가 되도록 족두리도 벗지 않고 기다린 신부의 정절은 자기를 서운하게 한 신랑에 대한 한恨의 응어리였을 것이다. 그럼에도 신랑의 손길이 닿자 하염없이 내려앉은 여인의 마음, 그 또한 지독한 사랑이었으리라.

살면서 남편의 따스한 말 한마디가 그리워 수수愁愁롭던 적이 어디 한두 번이었던가. 그럴 때면 강한 듯 꼿꼿하게 뻗대는 내게 못 이기는 척 손 한 번 내밀어 주었으면 하면서 지레 서운해하곤 했다. 남편을 기다리다 돌이 된 망부석보다는 그래도 초록으로

다홍으로 내려앉은 재처럼 곱게 토라지는 신부의 모습이고 싶었을 것이다. 그런데 이런 그리움이 어찌 내게만 있으랴. 어쩌면 남편 또한 사랑옵던 옛날의 내 모습이 많이 그리울 것이다.

새색시가 봄꽃처럼 활짝 웃는다. 내 신부의 색깔을 반추해 본다. 연두저고리와 다홍치마를 입고 곱게 웃던 새댁이 세월 속에서 살랑살랑 걸어 나와 살며시 어깨를 감싼다. 세월이 지나면 무거리처럼 내려앉은 이 시간들도 또 그리워질 것이라며 나를 살며시 그러안는다. 그리곤 남은 날을 청실홍실 엮듯 한 올 한 올 귀히 엮으라며 다독여 주고 간다.

첫사랑

가난하던 시절에 정情을 나누던 사람들을 만났다. 교회의 후배가 이른 나이에 사위를 보는 자리에 참석했다. 그러고 보니 결혼식을 올리는 후배의 딸과 사위보다 훨씬 어린 나이에 우리는 만났다. 어느덧 우리들 삶에 세월이 두껍게 내려앉아 서로의 얼굴에서 지난날을 읽는다.

오랜만에 본 얼굴인데도 낯설지가 않다. 서로가 사는 공간이 다르기에 특별한 일이 있을 때 만나니 1년에 두어 번 겨우 얼굴을 대하게 된다. 결혼 전에 교회를 다니다 결혼하고 시댁 식구들을 따르느라 성당으로 옮긴 것이 미안해서 한참을 소원하게 지내기도 했다.

사글세로 전전하느라 10개월마다 집 주소가 바뀌는 것이 너무 싫어서 결혼 자금으로 13평 아파트부터 구입했던 J는 자동차 회사의 이사가 되어 대견한 모습으로 살아가고 있다. 예비고사와 본고사에서 좋은 성적을 거둬 대학교 합격증을 받고도 등록 마감일까지 입학금을 마련하지 못했던 Y는 교회 장로님이 되어 우리에게 영적인 울림을 주신다. 야간 고등학교에 다니면서 본인도 용돈이 모자랐을 텐데 내게 수학여행 비용을 보태 준 S는 지금도 마음의 온기를 올곧게 여미고 있다.

우리 집 툇마루에 앉아 기타를 치던 O는 S전자에 근무하다가 공부를 계속하여 교수가 되었다고 하고, 그 옆에 그림자처럼 따라다니던 P도 좋은 직장에서 자신의 입지를 굳히고 있다니 고맙기만 하다. 유난히 운동을 좋아하다 다리를 다쳐 수술하고서도 깁스한 다리를 들어 올리며 "누나, 괜찮아요!" 하고 씩씩하게 웃던 H는 육군 소령이 되었다.

학생회 부회장이었던 나를 많이 배려해 주던 학생회 회장 Y는 장래가 보장된 회사를 퇴사하고 신학교에 진학하여 시골의 작은 교회에서 목회를 하고 있다. 부유한 가정에서 생활하던 그가 어려운 이웃들과 나누는 삶을 아름답게 엮고 있는 이야기를 들을 때면 나만 힘겹다고 투정한 날들이 자꾸 부끄러워진다.

사춘기 고비를 넘기며 사랑을 앓던 U는 교회의 학생회를 맡아 지도하시던 선생님과 결혼하여 우리를 놀라게 했다. 나는 그의 남편을 선생님이라고 불렀고, 선생님은 나를 보고 말을 낮추지도 높이지도 못해 어색하던 날도 한참 흘렀다. 주일학교에서 내가 가르쳤던 학생들이 지금도 나를 선생님이라고 부른다. 고등학생이면서 교사를 했으니 내 가르침에 무슨 깊이와 넓이가 있었겠는가? 그런데도 곱게 자란 제자, 아니 후배들의 곰살궂은 모습이 그저 사랑스럽다.

우리들은 모두 가난했다. 흑백 사진 속에 담긴 우리들의 모습은 가난한 삶이었지만 그 누구도 가난을 부끄러워하지 않았던 것 같다. 내남없이 힘들었기에 그러기도 했을 것이다. 지나간 시간은 아름다운 이야기로 남는다. 차 한 잔을 앞에 두고 가난하던 시절의 이야기를 동화처럼 나누는 시간 속에 그리운 모습이 활동사진이 되어 넘어간다. 세월 속에 묻은 먼지를 같이 털어내 줄 수 있는 사람, 힘들었던 시간을 잘 견뎌 주었다고 격려하는 마음들이 삶의 갈피마다 손수건이 되어 접혀 있다.

'그리웠던'이 아니고, '그리운' 사람들로 머물러 줌이 정말 고맙다. 부대끼는 세월을 살면서도 투명함을 간직하고 있는 사람들이 댕돌같이 잘 살아 주어 고맙다며 칭찬해 준 그 마음을 소중하게 보듬는다. 나를 도두보아 준 그 칭찬은 삶의 밭을 일구며 힘겨워할 그 어느 때쯤 따스한 햇살이 되어 나를 또 안아 줄 것이다.

누구에게나 첫사랑은 소중하게 간직되는 세월의 축적이다. 가난했던 시절, 서로에게 힘이 되어 주었던 처음 맺음을 간직하고 있는 이 축적의 근원이 내게 있어서는 바로 첫사랑이다.

증발된 그때

우리는 내남없이 '그때'를 그리워한다. '그 당시, 전에 말한 때'를 의미하는 '그때'가 늘 밝고 행복하지는 않았을 텐데도 항상 마음이 머무는 것은 다시는 오지 못할 시간 속에 있는 과거이기 때문이다. 드라마에서는 과거로 돌아가서 살다가 다시 현재의 삶으로 회귀하는 내용도 심심찮게 나오지만 불가능한 일이기에 대리 만족을 하려는 것일 게다.

D시에 있는 S선배를 만나러 갔다. 연극 연출가인 S선배는 새 연극을 가을 무대에 올리기 위해 열정을 가지고 준비 중이었다. 그런데 지난여름에 뇌경색으로 쓰러진 후 지금은 너무나 낯선 시간을 맞고 있다. "내 인생 경영의 주인은 나"라며 여름의 우거

진 초록처럼 싱싱하게 일하던 그녀의 시간이 한순간에 멈춰 버린 것이다.

차창 밖으로 풍경이 달려왔다가 멀어지기를 반복한다. 기차를 타면 그 풍경을 스케치하듯 메모할 수 있어서 좋다. 직접 운전을 할 때는 주변에 신경을 쓰느라 살펴볼 겨를이 없지만, 기차에 느긋하게 앉아서 눈앞에 펼쳐진 경치를 한껏 대접 받는 것 또한 덤이다. 기차 소리에 박자를 맞추며 풍경도 따라온다. 고구마밭을 지나고 배추밭을 지나는 동안에도 기차는 쉬지 않고 이야기를 들려준다.

기차는 작은 시골 역을 곁눈만 주고 야속할 정도로 빠르게 지나친다. 사람들의 발길이 예전처럼 잦지 않아도 변함없이 역사驛舍를 지키며 하얗게 핀 메밀꽃이 더없이 소박해 보인다. 포플러나무 사이로 보이는 가을 들녘이 온통 노란색이다. 사과나무와 복숭아나무는 손을 뻗으면 닿을 만한 높이로 품종이 개량되어 아담한 모습을 보여 준다. 꼭대기 끝에 까치밥 하나쯤은 영락없이 달고 있는 감나무도 여지없이 키를 낮추고 있다. 그 나무들의 잎에 어느덧 가을 물이 들고 있다. 보랏빛 열매를 오달지게 달고 있던 포도나무도 이제 임무를 마친 듯 자기 색을 내려놓고 있다.

단풍은 초록이 지쳐 물드는 것이라고 했다. 길가의 나무들이 하나 둘, 물이 드는 것을 보니 이제 초록이 지치기도 했나 보다. 지난여름이 유난히 무더웠다. 하지만 이제껏 초록으로 지내면서 애써 왔던 시간을 내려놓기가 무척이나 아쉬울 것이다. 그럼에도 착하게 자기들의 색을 내려놓는 잎이 더없이 그윽해 보인다. 우리도 삶에 지칠 때 저리 곱게 물들 수 있다면 얼마나 좋을까 싶다.

뇌 기능 일부분이 손상된 터라 쓰러지기 전의 기억을 많이 잃어버린 선배는 자신감 넘치던 유창한 말투부터 조심스러울 만큼 어눌해졌다. 변한 자신의 모습이 처음엔 도저히 믿기질 않아서 울부짖기도 했는데 시간이 갈수록 모든 것을 받아들이게 되었단다. 이젠 '살아가는 것'이 아니고 '살아지는 것'이라며 초연하게 말하던 그녀의 모습이 차창에 어린다.

이렇게 한 사람의 '그때'가 깡그리 증발된 시간에도 계절은 풍경 속으로 어김없이 찾아든다. 가풀막진 언덕을 오르듯 힘든 시간도 열정으로 가분하게 넘던 그때를 기억해 내려고 무던히도 애쓰던 선배가 이젠 사라진 퍼즐 조각들을 놓아야겠다고 이야기한다. 왠지 그녀의 가을이 소멸이란 이름과 맞물리는 것 같았다.

그런데 오늘 내가 본 가을은 퇴색되는 것만은 아니었다. 그 퇴색 속에 열매를 보듬고 있고, 그 퇴색이 덧거름이 되어 다시 싹틀 잎을 기다리고 있다. 여리지만 함께하는 모습이 소담스러운 들국화, 쑥부쟁이, 구절초는 이 퇴색의 계절에 서리를 맞으면서도 꽃을 피우는 생명들이다. 그 모습과 어울리며 하양, 분홍, 빨강으로 섞여 지천으로 핀 코스모스가 한 폭의 청담한 그림을 같이 그리고 있다. 그 그림 속에 선배의 증발된 '그때'를 새새틈틈이 심어 본다.

퇴색의 계절에 곱게 꽃 피우는 생명들 곁에 다붓하게 붙어 그녀의 '그때'가 더 이상 달아나지 않기를, 그리고 빨리 되살아나기를 비는 마음에 답이라도 하는 것일까? 가을 풍경 어느 곳에서나 넉넉한 배경이 되어 주는 억새가 한정 없이 고개를 끄덕인다. 단풍이 아무리 곱다지만 아직은 그녀가 초록을 내려놓을 때가 아니라는 응원 같아서 그저 고맙다.

평광동에서 만난 가을

매월 가지는 문학회 모임을 이번에는 야외에서 갖게 되었다. 대구시 동구 평광동의 유적지를 둘러보고 가을을 느끼며 문학 이야기도 나누는 시간을 마련한 것이다. 내비게이션을 맞춰 놓고 달렸는데도 엉뚱한 길로 들어서기도 하다가 동네 주민의 도움을 받아 일행보다 먼저 '첨백당瞻栢堂'에 도착하였다.

첨백당은 고종 33년(1896)에 평광리에 세워진 우 씨 문중의 재실이다. 효자로 이름난 우효종의 효행과 조선 시대 말기에 기울어져 가는 국운을 안타까워하며 벼슬을 버리고 향리에 숨어 살던 우명식의 충성심을 기리고 있다. 첨백당이라는 이름은 우명식 선생의 묘소가 있는 '백밭골을 우러러보는 집'이라는 뜻에서 붙였다고 한다. 지붕은 옆면에서 볼 때 사람 인人자 모양인 맞배지붕이고 집 가운데는 대청마루가 있는데 양쪽 툇마루보다 높게 놓여 있는 것이 특징이다. 툇마루에는 난간을 아담하게 둘러 놓아 낯선 객들을 포근하게 품어 주었다.

첨백당 앞뜰에는 '광복 소나무'가 서 있다. 이 소나무는 단양 우 씨 문중의 청년 다섯 명이 조국의 광복을 기념해 인근의 산에서 옮겨 와 심었다고 한다. 일제의 압박 속에서 벗어난 기쁨을 이 나무에 담아 심었던 사람들의 마음이 긴 세월 속에 담겨 있듯 가지가 길게 드리워져 있었다.

첨백당에서 조금 올라가니 우리나라에서 가장 오래된 홍옥 사과나무가 맞아 준다. 사과나무에는 물감이라도 들여놓은 듯 빨간 색깔을 담은 사과들이 주렁주렁 달려 있다. 우리나라에서 가장 오래된 이 홍옥 사과나무는 1935년에 우채정 씨의 선친이 5년생의 홍옥, 국광 등 사과나무를 이식하여 심은 100여 그루 중 유일하게 남아 있는 한 그루다. 남은 한 그루가 애틋하게만 보였는데 대견하게도 매년 많은 열매를 맺고 있어 한국의 사과 재배사를 살펴볼 수 있는 매우 귀중한 자료이기도 하단다.

홍옥 사과나무를 카메라에 담았다. 앵글을 통해서 보니 사과가 석류처럼 붉은색을 한껏 띠고 있다. 잘 익은 대추 같기도 하고 멀리서 보면 앵두 같기도 한 열매들이 조롱조롱 열려 있다. 한 그루에 어쩌면 이리도 많은 알을 크리스마스트리에 장식된 전구처럼 달고 있는지 신기하기만 하다. 일행이 도착하기를 기다리며 서성이는 내게 살며시 다가와 말을 걸어 주던 코스모스. 그리고 그 건너편에는 들국화도 하늘하늘 흔들리며 피어 있다.

순하게 생긴 강아지 한 마리가 저도 심심했던지 낯선 나그네를 보고 짖지도 않는다. 코스모스를 배경으로 하여 누군가 마련해 둔 두 개의 벤치. 누군지 그 마음이 정말 곱다. 마음속의 사람들을 불러서 차례로 앉혀 놓기도 하고, '그리운 나'를 앉혀 놓고도 이야기를 나누었다. 나이가 들고부터는 사진에 찍히는 것을 좋아하지는 않지만 이 모습만은 누가 찍어 주었으면 싶다. 저 벤치에 앉아서 나누었을 사람들의 이야기가 가을바람에 실려 오는 듯하다.

평광동은 온 동네가 사과밭이다. 나무마다 가을을 주렁주렁 달고 있는데 사람들은 모두 어디 갔는지 온 동네가 조용하다. 방송국 리포터라도 된 듯 마을을 둘러보며 혼잣말을 주고받기도 했다. 갓 물들기 시작한 나뭇잎과도 눈빛을 맞추고 하늘거리며 손짓하는 코스모스에도 입을 맞추었다. 얌전하게 나그네를 기다리는 벤치에도 앉아 보고 졸졸거리며 흐르는 냇물에도 인사를 건넸다. "코스모스 한들한들 피어 있는 길……." 노래도 혼자 흥얼거렸던 내 모습을 누가 보았다면 어떤 생각을 했을까 싶기도 하다.

평광동에서 보낸 얼마간의 시간은 혼자 맛본 호젓한 가을이었다. 소중한 풍경에 한참 동안 취해 있었다. 때론 이렇게 늦길을 떠나는 것도 좋은 듯싶다. 넘어가는 가을 햇살 속에서 물드는 평광동의 가을을 나 혼자 접수했던, 혼자만의 가을이 오래 전의 전설처럼 마음에 남는다.

아, 가을인가

가을이 고개를 숙이고 있다. 출퇴근 길에 오갈 때면 잔잔히 바라봐 주던 달맞이꽃도 쌀쌀해진 날씨가 힘에 겨웠는지 모습을 많이 감추고 그 자리에 억새가 은빛으로 나부끼기 시작했다. 그러는 동안 모과나무에는 열매가 튼실하게 익어 가고 있고 은행은 잎도 채 물들지 않았는데도 제 열매를 노랗게 물들이고 있다.

'가을'이라는 단어를 떠올리면 사람마다 체감하는 양상은 달라도 생각할 일이 많을 것이다. 사랑하고 기도하고 그러면서 차분히 홀로 있어 보게 하는, 그런 성찰의 계절이며 내적 결실의 계절이다. 그러기에 누구나 지나온 시간을 한 번씩 되돌아보게 된다. 그 가을 속에서 나만의 정의를 내려 본다.

가을은 물이 드는 계절이다. 물이 든다는 것은 자기 색을 내려놓는 것이다. 색채는 빛의 고통으로 이루어진다고 괴테는 말했다. 그렇다면 가을의 붉고 노란빛 또한 무수한 고통이 쌓인 것일 게다. 자기 색을 고집하고 내려놓지 않는다면 어떻게 초록 위에 단풍이 업히겠는가? 욕심 없이 내려놓는 그 모습 또한 새로운 색을 내기 위한 빛의 고통일 것이다.

가을은 용서하는 계절이다. 타인을 용서하지 못한 시간도 많았지만 무엇보다 나 자신을 용서하지 못했던 순간도 많았다. 그 또한 교만 때문이리라. 자신에 대한 용서가 모든 용서의 출발점인 줄 알면서도 나를 가둬 놓고 서운했던 적이 많았다. 그러나 이 계절은 그렇게 가둬 놓은 나를 햇볕 아래 거풍시키리라. 그래야 내 안에 다른 사람을 들여놓을 용서의 방이 더 넓어지지 않겠는가.

> 마지막 과실들을 익게 하시고 / 이틀만 더 남국의 햇볕을 주시어 / 그들을 완성시켜, 마지막 단맛이 / 짙은 포도주 속에 스미게 하십시오.
>
> —릴케, 「가을날」 중에서

가을은 기도하는 계절이다. 아직도 때가 남았음을 감사하리라. 이제는 두려운 것도 설레는 것도 무디어질 것 같았는데도 아직도 두 가지가 겨끔내기를 할 때가 많다. 그런데 그 겨끔내기는 기회라는 선물을 안고 있음에 감사한다. 아직도 내게는 시도해야 할 많은 일이 남았음을 안다. 때론 귀찮고 때론 다른 사람에게 넘기고 싶은 일이 바로 나를 기회로 이르는 지렛대가 될 것이다. "이틀만 더 남국의 햇볕"을 기원한 시인의 마음이 어떠했는지 알게 된 것도 내 나이가 기도할 수 있는 가을에 들었기 때문일 것이다.

> 가을에는 / 호올로 있게 하소서……
>
> 나의 영혼, / 굽이치는 바다와 / 백합百合의 골짜기를 지나 / 마른 나뭇가지 위에 다다른 까마귀같이.
>
> —김현승, 「가을의 기도」 중에서

가을은 고독의 계절이다. 욕심 없이 자기 색을 내려놓는 초록을 보며 내 안의 나를 내려놓는 연습을 한다. 다른 사람에게 물을 들이려 아등대느라 정작 내 안의 초록은 내려놓지 못하고 아금받게 지냈다. "백합의 골짜기"를 통해 하얗게 정화된 삶의 기쁨과 행복을 맛볼 수 있는 절대 고독의 시간을 가져 보는 것도 이 계절이 주는 축복이다. '고독'이라는 것은 외롭다기보다 자신을 돌아볼 수 있는, 욕심을 덜어낼 수 있는 세정洗淨의 시간이다.

이렇게 많은 이름, 많은 마음을 가진 가을을 만나러 오랜만에 집 근처 둔치를 찾았다. 강물이 운치 있게 흐른다. 불어오는 바람에 마지막 빛을 담은 코스모스가 나를 붙잡듯 하늘거린다. 큰 것은 내 키를 훌쩍 뛰어넘는다. 코스모스라고 하면 '하염없다'는 단어와 연결된다. 이 계절이 오도록 하염없이 기다렸고, 또 이 계절을 하염없이 보내면서 가녀린 몸을 가을바람에 맡기고 있는 그 여림이 가슴에 아련하게 안겨 온다.

자주 찾지 못한 미안한 마음을 강 자락에 내려놓으며 강아지풀도 어루만지고 명아주도 쓰다듬었다. 강 언저리에 오리가 왔다가 간다. 이런 계절이면 한 번 더 자신을 돌아보고 싶다. 무엇이 이렇게 속절없이 시간을 보내게 했던 것일까? 한 번쯤은 모든 시간을 내려놓고 쉬었다 가라고 가을이 잡는다. 그 가을 속에 오늘은 나의 밤[夜]을 곱게 내려놓았다. 꽃이 진 자리마다 열매가 익어 가듯 시간이 흐른 자리에 곱게 익어 가는 내 가을을 익히면서.

꽃이 진 자리마다
열매가 익어 가네

시간이 흐를수록
우리도 익어 가네

— 이해인, 「익어 가는 가을」 중에서

4
산을 품다

그 속에 담긴 많은 이야기를
굳이 이야기하지 않아도 다 알고 있을,
그 산山을 한껏 품어 본다.

6월의 물소리

달성과 창녕의 물을 얌전하게 간직하였다가 필요한 이들에게 아낌없이 내주는 '달창 저수지'에 도착했을 때는 더운 열기가 내려앉는 6월의 끝날 오후였다. 참꽃이 흐드러지게 피던 중간고사 기간에 이 선생님의 시골집에서 글감 하나 얻어 가라고 하셨다. 학교에서 종종걸음 치는 나를 억지로라도 쉬게 하려는 선생님들의 마음이 감사했다.

저수지 근처에 핀 찔레꽃이 객을 맞아 주었다. 저수지의 물을 보자 답답한 마음이 열리는 것 같았다. 비가 한참 내리지 않은 탓에 많이 줄어들었다고 하는데도 저수지에는 물이 꽤 많았다. 박 선생님께서 낚싯대를 건네주셨다. 살며시 잡으니 손끝에 '톡톡'

전해 오는 느낌이 태동 같았다. 기다림 끝에 올라온 피라미는 잡혔다는 생각에 맥을 놓아버렸는지 배를 옆으로 내놓고 죽을 듯이 가쁜 숨을 내쉬고 있었다. 그런데 외래 어종인 베스를 잡아서 같은 곳에 넣었더니 언제 그랬냐는 듯 파닥대며 좁은 통 속을 정신없이 헤치고 다닌다. 식욕이 왕성한 베스에게 먹힐까 봐 피해 다니는 것이 엄청난 생명력을 가져다 준 것이다.

낚시를 마치고 저수지에서 가까운 풍각면에 있는 이 선생님 시골집으로 갔다. 석류나무, 장미나무를 배경으로 하고 있는 텃밭에는 상추, 쑥갓, 치커리 등이 주인과 손님들을 맞이하듯 바람에 흔들리고 있었다. 풋감이 떨어진 길을 올라가니 숨겨진 풍경인 듯 산에서 이어진 작은 폭포가 있었다. 집 바로 뒤에 폭포가 자리 잡고 있는 것이 신기하기만 했다. 폭포 속으로 살며시 걸어 들어가니 잘박잘박 발목을 적시던 물이 어느새 정강이를 간질이며 올라왔다.

그 아름다운 집에서 동화가 시작되었다. 큰오빠처럼 푸근한 이 선생님께서는 모두를 기분 좋게 해 주셨다. 김 선생님은 언제 보아도 점잖은 선비 같으시다. 목소리처럼 미소도 은은하시다. 박 선생님은 피라미 배를 따고 손질을 하신다. 듬직한 체구와는 잘 어울리지 않는 섬세한 손길이다.

어둠이 내려앉는 집에서 저녁 만찬이 시작되었다. 바싹하게 익은 피라미 튀김이 접시에 소복하게 담겨 있다. 키다리 불판 위에서는 고기가 익어 가고, 밤이 깊어 가는 사이에 사람들의 정情도 익어 갔다. 우리들의 이야기 속엔 정치 이야기도, 학교 이야기도 담기지 않았다. 바람 이야기, 물 이야기, 피라미 이야기, 은하수 이야기, 약술 빚는 할매 이야기, 빼꾸기 이야기가 주를 이루었다.

선생님들이 두런두런 나누시는 소리는 주변과 잘 어우러졌다. 술 마신 사람들이 나누는 이야기가 소음처럼 느껴질 때도 있는데 계곡의 물소리를 고스란히 지켜 주며 나누는 이야기들은 무척 정겨웠다. 이웃 할매가 담그셨다는 '약술 막걸리'는 모두를 기분 좋을 만큼 감고 돌았다. 이럴 때는 술을 못 마시는 것이 아쉽기도 했지만 물소리에 취하고, 흔들리는 초록빛에 취하고, 사람들의 정에 흠뻑 취했다.

밤에 듣는 계곡 물소리는 빗소리 같다. 바람이 기분 좋게 옷깃을 여미게 하는 시간, 물소리와 작별을 해야 하고 낯선 손님을 정겹게 맞아 준 아담한 집과도 헤어져야 했다. 따뜻한 배웅을 뒤로

하고 돌아 나오다 장미꽃으로 단장된 집에 취해 길을 잘못 들어 잠시 헤맸고, 접시꽃이 곱게 핀 집도 지났다. 그러고 보니 보랏빛과 하얀빛이 소박하게 어울리는 도라지꽃도 보았다.

마을 어귀를 벗어날 때 한 방울, 두 방울 시작되던 빗방울이 점점 굵어졌다. 이 선생님의 시골집에는 천둥 번개가 친 후 정전이 되어 자동차 헤드라이트를 켜놓고 빗속에서 이야기를 나누고 계신다니 얼마나 운치 있는 분들이신가. 빗속에서 비 같은 술 한 잔을 앞에 두고 살아가는 이야기를 두런두런 나누시는 모습이 눈에 선했다.

"하 선생님이 지금 계시면 멋진 글이 나올 텐데……."

이 선생님이 하시던 말씀이 내내 따라왔다. 집으로 오는 신천대로는 신기하게도 비 내린 흔적 하나 없이 뽀송뽀송했다. 잠시 다른 나라를 다녀온 것 같았다. 온누리에 생명의 소리가 가득 넘치는 '누리달'인 6월의 마지막 날, 아름다운 사람들과 함께 들은 물소리는 내게 삶의 응원가가 되어 주었다.

바람이 된 아이들

오늘도 구룡포에는 바람이 분다. 어쩌면 봄이 영영 올 것 같지 않을 듯이 연일 바람이 분다. 호미곶을 바라보며 동해를 지키는 운동장의 태극기는 오늘도 휘날리고 있다. 아이들을 만나고, 부대끼고 하는 가운데도 벚꽃 맺던 자리에는 어느새 초록 잎들이 부채춤 추듯 너울거린다. 마치 '오늘도 힘내라.' '오늘도 힘들었지?' 하는 무언의 격려 같다.

행복할 줄 알았다. 늘 가슴 벅찰 줄만 알았다. 그런데 푸른 바다의 바람은 낯선 여인에게 결코 호락호락하지 않았다. 마음 주면 같이 마음 줄줄 알았는데 아이들의 낯선 반응에 당황한 적도 많았다. 파도처럼 밀려드는 일에 지레 지칠 때도 많았다. 어쩌면 교사가 아니라 행정직 공무원으로 업무를 보는 것 같았다. 수업 연구할 시간도 없이 교실에 들어가곤 할 때도 많았다. 종합고등학교라는 특성 때문인지 행정적 업무는 인문계고와 특성화고의 몫을 다 해야 하기 때문에 업무를 겸하다 보니 어떻게 하루가 가는지 모를 지경이었다.

그런데 더 어려운 문제는 다른 데 있었다. 철부지 교사는 씨앗을 뿌리면 모두 옥토에 떨어질 줄 알았던 것이다. 아이들은 '옥토'도 있었지만 '자갈밭'도 있고 '가시밭'도 있었다. 그 아이들을 이해하는 것이 교사로서 먼저 해야 할 일이었던 것이다. 처음엔 야속하기도 하여 먼 바다 너머를 보며 혼자 속울음을 삼키기도 했다.

그랬다. 동해의 푸름은 내게 낭만만은 아니었다. 수업 중 창 너머로 바라보는 바다에 흠뻑 취해 있던 내 낭만이 아이들에게는 현실이었던 것이다. 바다에 떨어지는 빗방울을 보며 내가 한 줄의 글감을 떠올리고 있을 때, 1학년 성수는 작은 어선에 몸을 싣고 나간 아버지를 걱정하였고 석기는 해녀인 엄마를 염려하고 있었다. 얼마나 미안하던지 그다음부터는 바다를 보며 멋있다는 말을 아이들 앞에서 함부로 할 수가 없었다.

“집에 가서 어머니께 말씀드려라.” “부모님께 갖다 드려라.” 했던 전달의 말도 아이들에게 상처가 될 수 있다는 것도 깨달았다. 소년 소녀 가장들도 있었고 편부·편모 슬하의 아이들도 있었다. 그리고 시설에서 생활하는 부평초 같은 아이들도. 낯선 선생님에게 속내를 선뜻 드러내지 않던 그들이기에 더 가슴이 아팠다. “어머니, 부모님…….” 이라고 쉽게 얘기하던 그 단어를 이제는 조심해서 쓴다. “집에 가서 말씀드려라.” 하고…….

물론 그런 아이들만 있는 것은 아니다. 수업 시간 내내 어미 닭 좇는 병아리처럼 눈을 맞추며 생글생글 웃는 우람이 같은 아이들도 많다. 복학하여 이젠 학생 자리를 굳건히 지키고 싶다고 종이학을 천 마리나 접은 기보도 있다. 국어 교사가 되는 것이 꿈이라는 지훈이도 있다. 그러나 내겐 왜 그런지 슬픈 아이들이 더 아프게 안겨 온다. 그리고 그 아이들이 바람이 되어 항상 내 가슴에 분다.

마흔의 끝물에서 사랑니를 앓는 나를 다독이듯 구룡포의 산벚꽃이 하얗게 웃는다. 그 사이로 날로 숱이 많아지는 초록이 같이 손을 흔들어 준다. 그러다 ‘도구’라는 곳에 이르면 바다가 나의 남은 시름을 마저 끌어안는다. 대구에서 출퇴근하는 일이 힘겹기는 하다. 그렇지만 학교를 마치고도 집에 돌아가는 마음이 어두운 아이들이 많음을 생각하면 내 힘든 것은 사치일지도 모른다.

시외버스 터미널에서 아이들과 맞닥뜨릴 때가 있다. "선생님, 어디 가세요?" 그럴 때 나는 "대구 집에 간다."고 말하기가 참 미안하다. "응, 오늘은 대구에 제사가 있어서." 그러면 아이들은 고개를 끄덕이며 터미널 광장의 호떡집을 가리킨다. 호떡을 나눠 먹고 돌아서는 그 아이들의 옷에서 담배 냄새가 난다. 흡연 문제가 심각한데 어디서 또 담배를 피운 모양이다. 그 애들 틈에 연일에서 아빠와 살아가는 현수도 끼어 있다. 그래도 그 터미널에서 나를 보고 달려와 호떡을 사 달라고 하는 애들이 애틋하고 고맙다.

공부가 지겨울 때도 많았다는 것을 나는 왜 까마득히 잊고 있었을까? 철든다는 것 또한 외로운 것임을 알면서도 그저 철들기만을 강요한 것이 미안하였다. 이제 나는 씨앗을 잘 다듬어 뿌려야 하는 것이 내가 해야 할 일임을 배우고 있다. 이제껏 내 씨앗은 돌아보지 않고 아이들의 밭만 거칠다고 탓한 시간이 더 많았다. 씨앗이 어찌 옥토에만 떨어지겠는가? 자갈밭이나 가시밭에 떨어진 씨앗에도 언젠가 흙 한 줌 덮여지리라 믿어 본다. 그리고 그 흙 위에 물 한 줄기라도 보태진다면 부족한 내가 뿌린 씨앗에도 언젠가 초록 같은 싹이 돋아나리라.

이렇게 나는 '해가 가장 먼저 돋는 곳'에서 매일 '바람을 맞는 여자'가 되고 있지만 그 바람이 나를 자라게 한다. 내게 안겨 오는 구룡포의 바람, 그건 바로 바람 같은 내 아이들이다.

접시꽃 안부

운전하다 문득 바라본 길가에 어느새 접시꽃이 활짝 피어 있다. '아차!' 싶었다. 바쁘다는 말을 습관처럼 뱉으며 사느라고 참으로 귀한 인연들에게 소홀했다. 모두가 바쁘다고 잊고 지내는 시간에도 자연은 부지런히 잎을 틔우고 꽃을 피우고 있었다. 갓길에 차를 세우고 진분홍과 흰색으로 활짝 핀 꽃잎에 눈을 맞추는데 휴대 전화가 울렸다.

"아가다, 별일 없죠?"

보나 수녀님의 은은한 음성이다. 이런, 또 한발 늦었다. 늘 이렇다. 안부 전화를 해야겠다고 생각하면서도 잊고 살 때가 많았다. 그럴 때면 언제나 한발 앞서 연락을 하시던 수녀님이시다. 여러 곳을 옮겨 다니시느라 인연 맺은 교우들도 많을 텐데 남편과 아이들의 소식까지 살뜰하게 챙기시는 수녀님의 정情에 대한 내 답은 늘 지각이다. 아니 답을 못했을 때가 더 많다.

미사 해설을 처음 맡고 긴장해서 어떻게 마쳤는지도 모르고 어색해할 때

"아가다, 천상의 목소리인 줄 알았어요."

하고 칭찬해 주시던 수녀님과 마음을 나눈 지도 꽤 세월이 흘렀다. 이야기하지 않아도 수녀님은 내 마음을 먼저 읽고 계신 듯했다. 만학으로 공부를 마치고 늦은 나이에 임용고시에 합격했을 때는 누구보다 축하해 주셨고, 발령 받은 첫 학교에서 의욕만으로 맞서기에는 버거운 상황에 힘들어 할 때는

"괜찮아요?"

하고 몇 번이나 물으셨다. 그리고 한참 지난 후에

"이제 정말 괜찮은 것 같네요. 이제껏 말은 괜찮다고 하는데 표정은 아니었거든요. 그런데 이제 편안해 보여요."

하며 접시꽃처럼 곱게 웃으시던 수녀님은 전라도의 한 소도시에 있는 병원에서 말기 암 환자들을 돌보실 때도 소식을 먼저 보내오셨다. 회복할 수 없는 병을 안은 환자들이 누워 있는 병상 너

머로 들리는 새소리와 들꽃 이야기는 어려운 가운데서도 늘 감사하시는 수녀님의 기도이고 마음이셨다.

그때도 나는 수녀님의 애틋한 마음에 답을 하지 못했다. 삶의 마지막을 보내는 분들에게 시 낭송을 한번 해 주었으면 하는 부탁이었다. 임종을 앞둔 분들이 가족들의 사랑 속에서 따뜻하게 이별할 수 있게 자녀들의 편지, 손주들의 바이올린 연주 등을 들려주면 편안해하시는데 시 낭송도 들려주면 참 좋을 것이라고 하셨다. 지금 생각하면 그때도 바쁘다고, 또 죽음을 바로 눈앞에 둔 분들을 대면한다는 것에 선뜻 용기가 나지 않아 미루었을 것이다.

얼마 후, 연락했을 때는 수녀님이 다른 곳으로 이동을 하신 뒤였다. 그리고도 봄꽃이 필 때면 찾아뵙겠다는 약속을 은행잎이 노랗게 물들 때까지 지키지 못한 몇 해가 흘렀다. 그런데 수녀님께서 먼저 전화를 하신 것이다. 수녀님이 계시는 곳은 대구에서 버스로 두 시간이면 가는 거리다.

"아가다, 요즘은 덜 바빠요? 우리 성당에서 시 낭송 한 번 해 주면 좋겠어요. 그러면 모두들 정말 좋아할 텐데……."

수녀님의 아름다운 프러포즈에 이번엔 정말 착하게 답할 것이다. 수녀님을 닮은 곱고 밝은 저 접시꽃이 다 지기 전에…….

바다가 보이는 교실에서

구룡포의 바다 색깔은 유난히 맑고 곱다. 교문을 나서 몇 발자국만 나가면 정겨운 동네 개울처럼 바다가 반겨 준다. 작은 돌들이 깔린 물속에 손을 담그면 조개라도 한 움큼 주워 올릴 것 같다. 교문 밖에 바로 바닷물이 출렁이고, 갈매기가 날아다니는 운동장에 들어서면 미역 냄새가 싸하게 건져진다. 그 미역 향내는 해미와 함께 바다의 이야기를 전해 준다.

아침 일찍 일을 마치고 돌아오는 고깃배와 그 뒤를 따르는 갈매기 떼를 볼 때면 바다는 그야말로 한 폭의 그림이다. 도시 생활에 익은 몸과 마음이 다시 터전을 도시로 옮기자고 유혹하기도 하지만 그럴 때마다 갯바위에 옹기종기 앉아 있는 갈매기들이 내게 바다 이야기를 들려주며 도리어 나를 유혹한다.

아이들의 말을 듣자면 하루에도 바닷물 색깔이 일곱 번도 더 바뀐다는 구룡포 바다. 그 바다가 보이는 교실에서 수업을 할 때면 나는 어느새 바다가 된다. 그중에서도 바다가 한눈에 들어오는 1학년 1반 교실은 내가 가장 좋아하는 '바다 교실'이다. 왼쪽 창으로는 바다가 얼굴을 내밀며 한달음에 달려와 안기고 복도쪽 창밖으로는 고운 백사장을 낀 해수욕장이 병풍처럼 둘러쳐져 있다. 그리고 해수욕장 백사장이나 갯바위에 앉았다가 한꺼번에 날아오르는 갈매기들의 모습은 또 얼마나 환상적인지!

사람들은 푸르고 맑은 바다를 더 자주 찾는다. 그런데 회색빛 바다는 바다의 깊은 마음을 더 잘 말해 준다. 하늘이 울적하여 회색빛을 띨 때면 바다도 같은 회색이 되어 하늘을 진득이 품어 준다. 때로는 바다도 운다. 하늘이 비를 안는 날은 바다도 추적추적 운다. 혹 하늘이 답답하여 바람으로 흔들기라도 하면 바다는 어느새 해조음을 내며 하얀 물거품으로 그 마음을 받아 준다.

바다에서 태어나 바다와 함께 자라는 구룡포의 아이들을 만나고 나서 나는 바다도 때론 운다는 것을 배웠다. 그리고 바다처럼 울고 싶은 아이들의 이야기도 들었다. 단추 하나를 달아 줄 엄마가 없어 교사인 내게 부탁하곤 "선생님이 단추를 달아 주셔서 참 따뜻하게 지내요." 하며 조심스레 건네는 아이들의 말이 갈매기 울음소리처럼 내 가슴에 파고든다.

'아버지'의 빈자리보다는 '엄마'의 빈자리가 더 크다는 것을 아이들의 휑한 눈망울이 말해 준다. '죽음'으로 헤어진 것이 아니라 '이혼'이라는 이름으로 엄마가 떠난 자리에 남아 있는 아이들은 피지도 못한 꽃이 되어 시들시들 말라 들어 간다. 그럴 때 나는 정말 그 애들한테 미안하다. 나만 아프다고, 나만 외롭다고, 투정하며 살아온 시간들이 얼마나 많았던가. 그 아이들을 보면서 내 못난 마음을 다시 돌이켜 본다. 내가 아무리 힘들어도, 아무리 외로워도, 한창 피어나야 할 사춘기의 꽃이면서 가슴앓이하는 그 아이들의 속내보다야 더 아프겠는가.

아프면서 자라는 아이들을 보면서 아프던 내 학창 시절도 돌아본다. 아프지만 견디며 자라 달라는 부탁을 내 아이들에게 보내며 힘들고 지친 길이지만 감사의 마음으로 받는다. 내게 '선생님'이란 이름을 맨 먼저 안겨 준 아이들이 있는 바닷가 교실에서 '우리 아이들이 조금만 덜 힘들었으면, 조금만 덜 외로웠으면' 하고 기도하며 교단에 선다. 교사가 아닌 엄마의 마음이 되어서.

바다가 유난히 파랄 때는 하늘이 유난히 맑을 때이다. 파장이 긴 파란색이 바다 속까지 깊게 투영해 들어온 빛을 욕심 없이 다시 반사시켜 주는 것이다. 때론 내 마음도 이렇게 투명할 때가 있었으리라. 속도 알 수 없을 만치 깊게 내려가도 맑기만 하던…….

푸름이 끝없이 펼쳐져 있는 바다에 마음을 얹어 본다. 이렇게 바다에 마음을 적시고 바다를 닮은 아이들과 같이 있다 보면 내 마음결에도 고운 쪽물이 배어들 것만 같다.

바다는 하늘을, 하늘은 바다를 닮았다. 이렇게 서로 마음 나누는 닮은꼴이지만 하늘과 바다는 수평선 자락에 가서야 겨우 손을 맞잡는다. 늘 바라봐 주는 바다의 애틋한 맘을 아는지 해는 수평선에서 잠이 들고 수평선에서 아침을 연다. 그러면서도 하늘과 바다는 절대 서로의 사랑에 대해 보채지 않는다. 그렇게 은은하게 기다려 주는, 채근하지 않는 사랑을 지닌 바다와 하늘을 닮아 보드기로 머무는 아이들 곁에 날빛이 되어 다가가고 싶다.

교실 창 너머로 갈매기가 힘차게 날아오른다. 오늘따라 유난히 바다색이 푸르다. 희망의 빛 대신 방황의 빛깔이 더 많은 아이들에게 늘 새로운 '시작'을 말해 주라는 듯 바다는 오늘도 파랗게 내게 부딪쳐 온다.

댓글 120개를 달면서

교내 글쓰기 대회가 있었다. 워낙 글 쓰는 것을 싫어하는 아이들, 특히 남학생들이라 궁리를 했다. 좋은 작품은 상장 외에 '엄청난 선물'이 있다고 했더니 나름대로 그 선물이 무엇인지 궁금해하며 억지로라도 종이를 메우고 있다. 그러면서도 멍하니 나만 쳐다보는 녀석들…….

그래, 글쓰기가 얼마나 어려운지 안다. 고등학교 남자애들이 머릿속에서 뱅뱅 돌기만 하는 그 언어를 종이 위에 엮어 내는 것이 쉬운 일이겠는가.

"선생님요, 내가 겪은 것 쓰면 되는 거지요?"

2학년 2반 부실장인 성식이가 진지한 표정으로 묻는다.

"그럼, 자기가 겪은 일을 쓰는 것이 가장 좋은 글이지."

그리고도 아이들은 한참 동안 끙끙대기만 한다.

"얘들아, 너희들 혹 술 마신 후 속이 거북해서 토하고 싶은 것 아니?"

"예!"(여기에 대해서는 학생들 중 음주를 한 경험이 있는 학생들이 있어서인지 말뜻을 대번에 알아들었다.)

"글도 때론 그런 거야. 속이 편치 않을 때 토하고 나면 시원하듯, 마음이 답답할 때 글로 표현하고 나면 왠지 후련해진단다."

그런데 엉뚱한 내 설득이 먹혀들었는지 한 명 두 명 쓰기 시작하더니 원고지를 모두 채운 아이들도 있고 끙끙대며 반 분량을 겨우 채운 아이들도 있지만 대부분이 글을 적어 냈다.

아이들의 글을 읽어 내려가는데 갑자기 가슴이 먹먹했다. 겉으로 드러난 아이들의 모습만 보고 판단해 버렸던 것이 얼마나 잘못된 일이었는지 알았다. 한 편 한 편 글을 읽다가 파란 볼펜과 빨간 볼펜으로 한 명, 한 명의 글에 댓글을 적어 나갔다.

– 바다를 바로 눈앞에 두고 어린 친구들과 함께하는, 너무나 어울리지 않을 듯한 제 모습이 스스로 황당하고 엉뚱하다는

생각이 들 때도 많습니다. 하지만 지금이 제 인생에 있어서 가장 보람되고 행복한 시간입니다. – (52세의 만학도인 김○○ 아저씨는 전교 학생회 부회장이다.)

“힘든 결정이셨지만 ‘가장 아름다운 도전’을 하신 그 모습이 정말 보기 좋습니다. 원대한 꿈을 향해 오늘도 당당히 내딛는 그 발걸음에 같이 힘을 실어 드리겠습니다.”

– 내가 전공하고 싶은 과는 요리과이다. 내가 만든 요리를 먹는 사람들의 얼굴에 웃음꽃을 피우기 위해 난 노력할 것이다. –

“재형아, 너는 정말 멋진 요리사가 될 거야. 참! 선생님도 한식 조리사 자격증을 갖고 있단다. 요리사 시험 합격하면 얘기해. 선물 줄게. 이건 친구들에겐 비밀이야.”

– 나는 수학이 너무 어렵고 싫다. 틀린 문제를 숙제로 다시 풀어 가느라 팔이 부들부들 떨린 적도 있다. –

“현규야, 때론 하기 싫은 일을 해야만 할 때도 많단다. 선생님도 그럴 때 있거든. 밤새워 수학 숙제하느라 오늘도 팔이 뻐근한 것 아니니?”

– 선생님들께서는 미래의 꽃인 우리에게 아낌없이 물을 뿌려 주셨는데 나는 받아 마시지도 않고 피다 만 꽃이 된 적이 많았

다. 모든 면에서 자신이 없던 내가 꿈을 지니게 된 것은 고등학교 들어와서이다. 꿈이 없던 내가 선생님들을 통해 멋진 사람이 된다는 꿈을 가진 것이 매우 기쁘다. –

"찬수야, 네 꿈이 꽃으로 피고 열매 맺을 수 있도록 선생님도 옆에서 도와줄게. '피다 만 꽃'이기에 더 큰 가능성을 가지고 있음을 잘 알지? 너는 무엇이든 잘할 수 있단다."

– 다시 중학생으로 돌아가고 싶다. 정말 후회가 막심하다. 그때 좀 더 잘할 걸. 다시 중학생으로 돌아갈 수 있다면……. –

"동락아, 누구에게나 지나간 시간은 아쉽고 또 후회가 따른단다. 앞으로의 시간이 더 큰 보람으로 다가올 수 있도록 우리 같이 노력하자."

– 나는 어렸을 때 용돈이란 개념을 몰랐다. 용돈이란 걸 받아본 적이 없기 때문이다. 그런데 초등학교 1학년 때 친구와 오락실에 갔다가 그 친구의 돈을 훔쳤다. 지금도 또렷하게 기억나는 31,200원. 부모님 없이 할머니와 가난하게 살았기에 그 돈은 엄청나게 큰돈이었다. 그 철없던 시절에 나를 타일러 주신 할머니와 선생님이 계시지 않았다면 어쩌면 지금 나는 30만 원, 300만 원을 훔치는 아이가 되었을지도 모른다. –

"성식아, 용기 있게 쓴 너의 글을 보고 선생님은 하마터면 울 뻔했단다. 너에게 좋은 지도를 해 주신 선생님과 무엇보다 너를 사랑해 주시는 할머니가 존경스럽구나. 꼭꼭 숨겨 놓았던 속마음을 적어 줘서 정말 고맙다."

댓글을 쓰고 있는데 훈일이가 교무실 청소를 하다가 깜짝 놀라 묻는다.

"선생님, 그걸 다 읽으세요? 우리 글, 모두 다요?"

아마 잘 쓴 작품만 골라내는 정도로 대강 훑어보는 줄 알았나 보다. 그런데 군데군데 빨간 줄로 별표까지 하며 읽는 내 모습을 보곤 깜짝 놀라는 눈치다.

"그럼, 얼마나 소중하게 쓴 글인데."

그러고 나서 슬쩍 돌아보니 오늘따라 비질을 하는 훈일이의 모습이 유난히 신나 보인다. 아이들의 글마다 댓글을 달다 보니 어깨가 뻐근하기도 하지만 그 행간마다 숨어 있는 그들의 꿈, 고민, 이야기를 같이 나눌 수 있어 무엇보다 기뻤다. 칭찬은 고래도 춤추게 한다는데 우리 아이들은 얼마나 그 칭찬이 그리울까?

"선생님, 오늘 그 머플러 참 잘 어울려요."

무뚝뚝한 머스마들이 툭 던지는 그 한마디에 이렇게 나이 든 나도 기분이 좋은데 말이다.

아홉 가지의 단점보다 한 가지의 장점을 찾아내 그들에게 자신감과 꿈을 키워 줄 수 있는 '고래 선생님'이 되려고 무던히 기도하지만 돌아서면 시행착오의 연속이다.

'지식보다는 지혜를 지닌 교사로 아이들을 대하게 해 주세요.' 교실에 들어설 때마다 드리던 기도를 올리며 아이들의 글에 또박또박 댓글을 달았다. 현규는 수학 숙제를 하느라 팔까지 부들부들 떨렸다는데 댓글을 다느라 팔이 좀 뻐근한들 어떠랴. 아이들의 마음이 내 마음에, 내 팔에 이렇게 대롱대롱 매달리는데…….

꿈을 따는 아이들

아이들이 썰물처럼 빠져나간 학교는 고즈넉하기만 하다. 휘늘어진 수양버들도 오후를 마음껏 쉬고 있고, 은행나무에 달린 알맹이들이 햇빛에 노랗게 반짝인다.

6만 여 평이나 되는 넓은 학교에는 뜰이 곳곳에 가꾸어져 있다. 진달래, 개나리, 목련, 라일락 등이 피던 봄의 기억이 아직도 남아 있다. 그런데 벌써 아름드리 은행나무 가지마다 은행이 알알이 익어 가고, 여름 뙤약볕에서 진한 향을 풍기던 본관 앞뜰의 치자꽃도 진 지 오래다.

운동장으로 가는 길에는 히말리아시다가 나란히 서 있고, 조례 때면 학생들의 함성이 한꺼번에 울려 퍼지던 잔디밭에도 가을 물이 내려앉고 있다. 그런가 하면 물속까지 깨끗하게 들여다 보이는 연못에는 구름이 그대로 내려와 담겨 있고 주위에 백일홍과 노송들이 조화를 이뤄 수목원에라도 온 것 같은 기분을 자아내는 학교 정경은 한 폭의 그림 같다.

이렇게 아름다운 풍경이 학교에 있었던가? 수업과 업무에 쫓겨 그림같이 아름다운 이 광경을 곁눈으로만 보고 지나칠 때가 많았다. 그런데 그 그림 속에서 나무와 꽃, 풀은 자기들의 계절에 충실히 피고 지고 있었다. 여름 내내 꽃을 달고 있던 백일홍이 보인다. 빨간 꽃이 아이들 열꽃 쏟듯이 피던 것을 본 것이 엊그제 같은데 어느새 이울고 있다. 꽃이 질 쯤 벼가 다 익는다고 해서 '쌀밥나무'라고 하는 백일홍이 하나, 둘 지는 것을 보니 벌써 벼가 익는 가을인가 보다.

학급 자치 시간을 활용해 백일홍이 지고 있는 뜰을 지나 후문 쪽으로 오르다 왼쪽으로 길을 꺾어 동산으로 갔다. 학교의 설립자가 밤을 수확한 것으로 형편이 어려운 학생들을 도우라는 뜻으로 밤숲을 조성하였다고 한다. 밤송이 머리를 한 고등학교 1학년 사내애들은 빨간 백일홍의 이움도, 은행의 익어 감도 아랑곳않고 장난치기에 여념이 없다. 교실에서 벗어난 마음이 그저 홀

가분하고 신이 났나 보다.

앞서 가던 광일이가 냅다 소리를 지른다.

"선생님요, 밤나무가 대체 어디 있는데요?"

산길로 접어들어서도 아이들은 밤나무를 찾지 못하고 두리번거리고 있다. 그러고 보니 나도 전근을 와서 학교에 적응하느라 본관을 조금 벗어나야 만날 수 있는 밤숲에 대해서는 듣기만 했던 터다.

광일이의 말을 듣고 주위를 돌아보니 숲에 우거진 나무들 대부분이 밤나무다. 발밑에는 동네 사람들이 밤을 줍고 간 흔적이 많다. 밤나무를 가르쳐 주고 숲에 떨어진 밤을 주우라고 했더니 보물찾기라도 하듯 우르르 달려든다. 광용이는 알밤을 맨손으로 덥석 집다 손에 가시가 박혔는데도 유난히 흰 얼굴에 홍조까지 띠며 알밤을 발라낸다. 아이들은 밤송이를 쪼개려 두 발로 밟기도 하고 호기심 많은 녀석은 아예 나무에 올라가 장대로 밤송이를 털기도 한다.

교실로 돌아갈 시간이 되어도 아이들은 밤나무에 붙어 떨어지지 않는다. 고등학교 1학년이란 나이가 될 때까지 밤나무가 어떻게 생겼는지, 밤을 어떻게 따는지, 또 버려진 밤송이를 헤집으면 그 속에는 알밤이 있다는 것도 이제껏 몰랐던 모양이다. 입학 후 교실과 실습실을 오가기에 바빠 학교 전체를 돌아보지 못한 아이들은 학교에 동산이 있는 줄도, 그 동산에 밤나무가 있는 줄도 몰랐는지 모른다.

어쩌면 아이들은 밤나무를 몰랐듯이 자기의 꿈을 잘 모르는 아이들도 많을 것이다. 그러나 교실에서 조금만 벗어나면 밤나무가 있듯이 그들에게도 가까운 곳에 아람이 되어 기다릴 꿈이 있을 것이다. 때론 다른 사람이 훑고 간 밤나무 숲에서 이삭처럼 밤을 줍듯 다른 사람의 꿈을 뒤좇아 가는 이도 있을 것이고, 손에 가시가 박혀도 끝내는 알밤을 건지듯 꿈을 이루는 아이도 있을 것이다.

한여름 땡볕 속에서 석 달 하고도 열흘 동안 고운 자태를 뽐내던 백일홍이 지는 계절에 처음엔 밤나무가 어떻게 생겼는지, 밤송이를 어떻게 헤집어야 하는지도 몰라 허둥대던 아이들과 함께 했다. 밤을 찾고, 줍고, 땄다. 아직도 더 알차야 할 밤이 남아 있음은 우리들에게 아직 남아 있는 꿈, 다가올 꿈이 많다는 것을 얘기하는 것이리라.

'떠나간 벗을 그리워함'이라는 꽃말을 지닌 백일홍이 지는 학교에서 친구들과 같이 꿈을 찾고, 꿈을 줍고, 꿈을 따던 아이들의 볼이 알밤처럼 토실토실하다. 땀을 식히며 연못가에서 아이들이 물수제비 뜨느라 돌 던지는 소리가 들린다.

그 아이들의 귓가에 나지막이 속삭인다.

"얘들아, 우리 오늘은 밤을 땄지만, 내일은 꿈을 따자."

홍시 여인

컴퓨터 모니터 아랫면에 홍시 색깔의 막대가 반짝거린다. 학생들에게 공업계 전공 분야에 대한 실습을 함숙시켜 지도하는 공동실습소의 Y 선생님께서 보낸 메신저다. Y 선생님은 몇 해 전 같은 부서의 부장님을 맡으셔서 여러 가지 일에 대해서 조언을 해 주시고 도움을 주신 분이시다. 근무하는 공간이 다른 요즘도 학생들을 가르칠 때 도움이 될 이야기를 메신저로 자주 보내 주신다. 때로는 유머의 말을, 때로는 교훈의 말을 발췌하셔서 보내 주신 것을 응용해서 수업 시간에 아이들에게 전달할 때는 늘 고마움을 느낀다.

감사하다는 답을 보냈더니 홍시가 있으니 먹으러 오라는 답을 보내셨다. 마침 점심시간이라 기간제 선생님으로 와서 수고해 주시는 L 선생님께 학교 이곳저곳을 안내도 할 겸 본관에서 조금 떨어져 있는 실습소를 찾았다. 선생님들께서 홍시를 쟁반에 담아 놓고 기다리고 계셨다. 주홍빛 홍시가 한눈에도 탐스럽게 보였다. 학교의 동산에 있는 감나무에서 며칠 전에 딴 감을 익힌 홍시인데 처음 선을 보이는 것이라고 하셨다.

학생들 기숙사를 감고 돌면 밤나무가 우거진 산이 학교 안에 있다. 그 산기슭에 서 있는 감나무의 풍성한 열매들이 주홍빛을 띠기 시작했다. 언덕 위에서 손을 뻗치기에는 너무 경사진 곳에 있고, 언덕 아래에서 욕심을 내기에는 너무 높은 곳에 있어서 그림의 떡으로만 여겼다. 그런데 어쩌면! 그 감이 주홍빛 단장을 하고 다소곳이 앉아 있는 것이 아닌가.

쟁반에 있는 홍시 중에서 가장 통통하고 예쁜 감 하나를 집어 들었다. 윤기가 자르르 흐르는 주홍빛 자태가 유난히 탄력 있어 보였다.

"이 홍시는 꼭 보톡스를 맞은 것 같아요!"

내 말에 선생님들이 와르르 웃으셨다. '보톡스 맞은 홍시' 이야기를 나누면서 두 볼 가득히 홍시를 넣고 오물거렸다. 아! 가을 맛이 이런 것이구나. 홍시가 입 안에서 아이스크림처럼 사르르 녹았다. 달콤한 맛이 입 안을 감돌더니 몸 안까지 스며들었다.

곁에 계시던 선생님들께서 귀띔을 해 주셨다.

"이 감을 P 선생님께서 장대로 따셨는데, 아침에 홍시를 내놓으면서 하 선생님이 참 좋아하시겠다고 하시기에 연락드렸습니다."

같이 가셨던 L 선생님께서 행복하겠다며 부러워하셨다. 그래, 정말 행복했다. 야생화의 여린 생명에 카메라의 포커스를 맞추는 섬세함을 지니신 P 선생님께서는 나를 작은 것을 보고도 큰 의미를 부여하는 시인(글을 쓰는 사람은 모두 시인이라고 여기셨다.)이라며 늘 곱게 봐 주셨다. 또한 학교 정경을 촬영하여 동영상으로 편집해서 학생들 지도하는 데 보탬이 되라고 보내 주시기도 하셨다.

누군가 나를 생각한다는 것, 얼마나 감사한 일인가. 어떤 음식을 먹으면서 누군가 나를 기억해 준다는 것은 또 얼마나 고마운 일인가. 가슴 따뜻한 마음을 받은 나는 내내 행복했다. 마치 사랑하는 사람으로부터 고백을 받고 하루 종일 가슴이 설레었던 것처럼 말이다.

이분들이 계셔서 내 가을은 한없이 곱다. 100여 명이 넘는 교직원들이 생활하는 공간이다 보니 교감이 부족할 때가 많다. 그런데 이 공간 안에서도 학생들을 지도할 때 도움이 되라고 좋은 이야기를 메신저로 보내 주시는 Y 선생님, 같이 간 L 선생님께 나와 함께하면 배울 것이 많을 것이라며 응원해 주시던 P 선생님, 그리고 홍시가 될 때까지 기다렸다가 나를 불러 가을을 맛보게 해 주신 선생님들의 마음이 같이 익어 가는 가을이다.

홍시처럼 내 가을도 붉게 물이 들며 곱게 익어 간다. 가수 나훈아는 홍시를 보면 '울 엄마'가 생각이 난다고 했다. 나는 이제 홍시를 볼라치면, 주홍빛 속살이 입 안에서 퍼질 때면, 속살을 주홍빛으로 여물게 하고 익게 한 햇살을 같이 머금으면서 나를 기억해 준 고마운 선생님들 생각이 날 것이다. 홍시를 드시면서 나를 생각해 준 선생님들의 마음을 받은 나는 정말 행복한 '홍시 여인'이다.

묵은 가지

잎보다 먼저 꽃을 피우는 나무들을 가만히 보면 그들은 봄에 새로 솟은 가지에서 꽃을 피우는 것이 아니고 지난해까지 있던 묵은 가지에서 꽃을 피워낸다. 잎보다 먼저 우리를 반기는 봄꽃들은 그 무딘, 그리고 묵은 가지 속에서 얼마나 많은 인내의 시간을 보냈을까? 그 인내의 시간을 알기에 잎은 먼저 새순을 틔우고 싶은 마음을 꾹 누르고 꽃부터 피우라고 자리를 비켜 주었을 것이다.

그런 마음을 알고 핀 봄꽃들은 결코 욕심을 부리지 않는다. 그 자리에 오래 머물러 있지 않고 새로운 가지, 새로운 잎이 돋아나도록 서둘러 봄을 접는다. 그러면 연분홍, 노랑으로 다투어 피던 그 봄꽃들을 다독이며 초록 잎, 초록 가지가 서서히 나무를 감싼다. 그리고 그들은 참고 있다 보면 새로 돋아난 가지가 다음 해에는 묵은 가지가 되어 가장 먼저 봄꽃을 밀어 올릴 것이라는 것을 잘 안다.

아이들을 가르치며 3월이 채 끝나지도 않았는데 '너희들의 꽃은? 잎은? 가지는?' 하고 닦달을 했다. 이제 겨우 잎을 내보낼 순을 틔우고 있고, 새 학년에 적응하며 가지를 뻗고 있는데 말이다. 꽃은, 특히 봄꽃은 묵은 가지에서 먼저 피어난다는 것을 잊고 있었던 것이다. 교사가 먼저 꽃을 피워야 아이들이 그 묵은 가지를 터 삼아 잎을 달고, 새 가지를 뻗어 나갈 것이라는 생각을 잊고 있었던 적도 많다.

4월이 오면 학교 아이들의 봄도 익어 간다. 그런데 봄인가 싶은데도 바람이 심하게 불 때도 있다. 이렇게 바람은 불어도 꽃은 핀다. 아니, 어쩌면 바람 속에 핀 꽃이기에 더 곱고 귀하다. 꽃샘추위 속에 봄이 숨어 있음도 알기에 감히 말해 본다. 저 여린 잎과 여린 가지들이 행복하게 자리 잡을 수 있는 묵은 가지가 되어 주고 싶다고.

사랑은 가장 늦은 날에 싹을 보는 정직한 농사라는데 가장 얕은 곳에 심어 놓고 씨가 움트기만을 기다리지나 않았는지, 아이들을 보듬으면서 떫은 사랑만 자랑하지 않았는지 돌아본다. 아이들의 이랑이 고르게 될 수 있도록 밭을 가는 좋은 농부, 좋은 열매 맺는 좋은 나무가 되게 해 달라고 교실에 들어서기 전 올리는 내 기도도 봄꽃을 피우는 한 개의 묵은 가지가 되었으면 싶다.

"느그 아부지 누고?" "느그 아부지 뭐하시노?" 하고 말하는 것을 종종 듣는다. 무심코 던지는 말에 때로는 상처받는 마음도 많을 것이다. 그럴 때 하느님께서 우리들의 아버지가 되심이 정말로 감사하다. 아버지가 계시다는 것은 더없이 가슴 벅찬 선물이다. 우리에게 가장 깊은 사랑이 되어 주시고 가장 든든한 나무이신 주님을 따르며, 좋은 꽃을 피우고 좋은 열매를 맺고 싶다.

흔들리지 않고 피는 꽃이 어디 있으랴

(중략)

젖지 않고 피는 꽃이 어디 있으랴

—도종환, 「흔들리며 피는 꽃」 중에서

우리 아이들도 자라면서 흔들리고 때론 젖을 때가 있을 것이다. 나 역시 살아가면서 때론 흔들리고 때론 젖을 때도 많다. 그러나 그때도 늘 곁에서 기다리며 잡아 주시는 주님이라는 묵은 가지가 계심이 정말 감사하다. 그러기에 오늘도 '흔들리고 젖는 우리 아이들' 곁에, 또 사랑하는 이들 곁에, 받은 사랑을 오롯이 나눠 줄 수 있는 든든한 가지가 되게 해 달라고 기도를 드린다.

수필 낭송이 잡은 자락

영호남수필문학상 수상 작품에 대한 낭송 의뢰가 들어왔다. 수필가들이 모인 자리에서 하는 낭송이다. 조심스러울 수밖에 없다. 하지만 '수필 낭송'이라는 장르가 시도해야 하는 설레는 두려움이기에 용기를 냈다.

그런데 문학회 행사를 앞두고 작품 심사 결과가 나왔다. 원고를 받아 본 순간, 아뿔싸! 이걸 어떡하나. 원고를 읽으니 낭송으로 소화하기는 어려운 작품이었다. 낭송을 하려면 '서사'와 '묘사'가 알맞게 조화를 이루어야 한다. 시와 같이 정확한 리듬감을 요하지는 않아도 낭송가의 호흡에 맞게 어느 정도 알맞은 음보는 갖추어야 한다. 그런데 수기手記 형식으로 이어진 텍스트는 첫 소절부터 음보가 어긋나고 있었다. 내용 또한 공감대를 지니며 확산시키기에 내 낭송 역량은 많이 부족했다.

아흔이 넘은 어머니의 임종을 지켜보며 쓴 글, 그렇지만 그 어머니는 아흔이 넘도록 병원 신세 한 번 진 일이 없다고 하였다. 그렇다면 흔히 말하는 '호상好喪'이 아닌가. 가장家長 대신 집안일을 맡아서 만고풍상을 겪은 여인이 어디 그 어머니뿐인가. 내리 딸만 낳다 아들 낳은 희열을 그 어머니만 맛보았겠는가.

그렇지만 주사위는 이미 던져졌다. 물수제비를 뜨던 돌이 점점 힘이 빠져 물속으로 직행하듯 어머니의 죽음을 일직선의 회색으로 처리하고 있는 글. 그렇지만 글에는 죽음이 '검은색의 슬픔'으로 그려져 있지만은 않았다. '자진모리', '중중모리' 장단으로 이어지다 '휘모리장단'으로 마무리된 글. 아흔이 넘은 연세에 '함평 나비 축제' 무대에 올라 완창을 하셨다는 호남가. 하지만 여기에서도 느낌을 잡을 수 없었다.

그렇다면 이 작품에서 과연 저자는 무엇을 이야기하고 싶었을까? 과연 나는 무엇을, 어떻게 전달해야 하나? 우선 문학회 행사 준비 측에 양해를 구하여 저자와 직접 통화를 하였다.

"선생님, 수상을 축하 드립니다. 영광스럽게도 제가 그 수상 작품을 낭송하게 되었습니다."

"예? 어머나이이."

놀람과 기쁨이 가득 담긴 목소리가 수화기를 타고 전해져 왔다. 작품을 읽으면서 고심한 부분을 저자에게 털어놓았다. 우선 원고 전체를 낭송하는 것은 낭독과 다를 바 없다는 점, 낭송하기 적합하게 5~6매 정도로 축약해 주셨으면 좋겠다고 정중하게 말씀드렸다. 받침 한 글자도 심혈을 기울였을 저자의 고심을 알기 때문이다. 전화 통화의 첫 느낌이 좋았는지 저자는

"선생님이 알아서 하셔잉."

하신다. 그러시면서 뒤이어 울먹이며 하시는 말씀.

"어쩔까나. 어쩔까나잉. 우리 어머니가 지하에서 올메나 좋아하실까나잉. 오메, 우리 어머니 이야기가 낭송이 되네이. 어머니가 올메나 영광시럽게 여기실까이."

자신의 작품이 수상작이 되었다는 기쁨보다 그 글의 주인공인 어머니가 더 기뻐하시겠다고 울먹이던 저자의 마음. '그렇다. 그런 효심으로 쓴 글이다. 그렇다면 딸의 마음으로 낭송을 하면 된다.'라는 자신감이 생겼다.

"우리 어머니가 올메나 좋아하실까나잉."

그 소리가 가슴을 울렸다. 알아서 원고를 줄이라고 하셨지만 다시 말씀드렸다.

"선생님, 원고를 줄이다 보면 선생님이 정말 하시고 싶으셨던 이야기를 없앨까 봐 그렇습니다. 꼭 중요한 부분은 말씀해 주세요."

그러면서 이런 저런 면에서 작품을 쓰신 것을 맞게 보고 있느냐고 여쭈자

"오메, 오메, 어떻게 그렇게 다 알았으까이."

하며 내 이름이 여동생 이름하고 같다며 더욱 정을 내셨다.

수필 낭송을 앞두고 광주를 다녀왔다. 저자를 직접 만나지는 않았다. 작가의 체취를 짐작하였으면 된 것이다. 저자의 마음은 충분히 내게 전달되었기에 '문자 언어'로 된 '수필'을 '음성 언어'인 '낭송'으로 재창조해야 한다. 저자가 빚어 놓은 수필의 색깔을 선명하게 표현하기 위해 작품 속으로 침잠했다.

이제 영산홍 피는 봄이 오면 보고 싶다던 어머니의 기억을, 고뇌의 삶을 사시면서도 태평스런 미소를 잃지 않으셨던 저자의 어머니를 만날 차례다. 「봄날은 간다」 음악을 틀었다. 돌아가신 시어머니께서 무척이나 좋아하시던 노래이다. 친정 어머니가 안

계신 나를 유독 아껴 주시던 시어머니께서는 봄의 초입에 돌아가셨다. 노란 개나리, 연분홍 진달래 빛으로 그려지는 어머니의 모습이 온 방 안을 휘감는다. 그러는 사이 원고는 이미 내 머리에, 마음에 암기가 되었다. 어느새 저자의 글은 나의 수필이 된 것이다.

아흔이 넘도록 이승에서 함께했던 어머니의 흔적이 저자에게는 얼마나 애틋한 그리움이겠는가? 그 오랜 시간 모녀로 맺어진 인연을 놓기가 얼마나 아련하였을까? 다음은 호남 방언이 문제였다. '영호남수필문학상' 성격상 방언을 표준어로 고쳐 읽는다면 그 글맛이 달아날 것이 뻔했다. 녹음기에 녹음해서 몇 번을 들었다. 남편도 아이들도 그저 웃기만 한다. 아니라는 무언의 고개 저음이다. 내가 들어 보아도 글맛, 말맛이 영 살아나지 않았다.

휴가 계획을 잡고 있던 남편에게 남도 쪽으로 방향을 잡자고 넌지시 말했다. 평소 수필 낭송을 연습할 때면 덩달아 원고를 외워 버리던 식구들이다.

"너희 엄마가 좋아하는 대로 하자."

백담사로 가려던 발길을 남도로 쾌히 돌려 준 남편과 아이들이 더없이 고마웠다. 고속도로에 차를 올리자 아이들은 음악을 크게 틀었다. 신나게 우릴 따라 달리는 음악을 슬그머니 끄고 녹음한 낭송 CD를 넣었다.

"어머니께서 응급실에서 인공호흡기를 꽂고 계신 지 9일째다……."

귀에 익은 음성이 나오자 아이들은 슬그머니 항복을 한다. '양반', '효자'라는 말이 이름표처럼 따라붙는 남편은 CD에서 나오는 내용을 들으며 핸들 너머로 먼 산을 응시한다. 또 어머니 생각에 잠겼나 보다.

"어때요?"

"내용, 깊고 좋은데 조금 지루하게 들리네. 감정의 변화를 줬으면 좋겠네."

내게 있어 가장 따끔한 비평가이기도 하고 응원자이기도 한 남편이다. 그렇게 작품 속의 어머니는 우리 식구와 함께 남도로 여름 여행을 떠났다. 소록도행 마지막 배가 떠날 시간이 지나 우리는 거금도로 들어갔다. 아침 일찍 일어나 섬사람들을 찾아 나섰다. 녹음기를 들었다. 만나는 사람마다 "오메! 오메!" 일색이다. 그렇다. 금맥金脈을 찾은 것이다. 원고를 보여 주며 호남 방언이 나오는 부분을 부탁하였다.

"난, 가방 끈이 짧아서…… 읽지 못하는디……."

글을 못 읽는 가게 아저씨. 할 수 없이 내가 읽는 것을 전라도 말로 해 달라고 부탁했다. 그런데 평상에서 이야기를 나누던 아저씨들이 궁금해하며 다가왔다. 이어폰을 꽂고 녹음기를 들이미는 나를 여름 휴가철을 맞아 방송국에서 취재 나온 기자나 리포터로 본 모양이다.

"어느 방송국에서 왔당가?"

그렇게 듣기 어렵던 전라도 말이 무더기로 쏟아졌다. 뭍으로 나오는 뱃전에서도 내 취재는 계속되었다. 바닷바람을 맞으며 수평선을 응시하는 한 아저씨에게 살짝 물었다.

"아저씨, 어디서 오셨어요?"

낯선 여자의 접근에 의아해하던 아저씨는 곁에 선 남편을 보고 안심한 듯했다. '광주'라는 대답에 나는 속으로 탄성을 질렀다. 야호! 제대로 찾았구나. 광주가 고향인 저자 아니던가. 자초지종을 이야기하고 원고 한 구절을 읽어 달라고 부탁했다.

"아, 저는 광주 시청 공무원이고, 광주 사람은 아닌데……."

아저씨는 같은 전라도라도 지역에 따라 방언이 다르다고 했다. 하긴 같은 경상도라 해도 안동 말씨, 영천 말씨 다르니 그럴만도 했다. 아저씨는 광주가 고향은 아니지만 듣는 귀가 있어서 고쳐 줄 수는 있다며 원고 내용을 전라도 말로 해 보라고 했다. 바닷바람에 혹시라도 묻힐까 봐 소리 내어 크게 말하는 내 전라도 억양에 아저씨는

"됐네요. 그 정도면……."

하고 시원스레 웃었다. '저 여자가 도대체 뭐 하는 거지? 애교까지 부려 가며…….' 남편의 시선이 아프게 딱딱 꽂혔지만 이런 절호의 기회를 놓칠 수가 있겠는가.

낭송을 연습하면서, 방언을 연습하면서, 나는 귀가 열리는 것이 어떤 것임을 알았다. 낯설고 멀게만 느껴지던 남도 말씨가 정겹게 다가왔다. 스쳐 지나치는 사람들의 말씨에 어느새 나도 입속말로 장단을 맞춘다. "오메. 오메이이." 그 한마디에 그들은 마음에서 우러나오는 모든 것을 '거시기' 하고 있었다. 그들의 말에 귀가 열려야 그들의 마음을 읽을 수 있다는 것을 알았다.

다음은 '호남가 경창'에 나온 가락이 걸림돌이었다. 수필 속에는 한 소절만 적혀 있어 그렇게 중요한 부분을 차지하는 줄 몰랐다. 그러나 인터넷으로 검색하여 들어 본 결과, 너무나 길고 어

렵던 호남가. 아! 그 긴 곡을 아흔이 훨씬 넘은 연세로 완창을 하셨다니! 그제야 알 것 같았다. 유채밭의 나비 떼가 놀랄 만큼 관중이 기립 박수를 치고 환호성을 울렸다는 것을, 그리고 만좌를 웃기는 그 흥겨운 자리에서 울 수밖에 없었던 그 어머니의 아들과 딸의 마음을. 그러기에 그들은 돌아오는 봄, 영산홍이 곱게 피는 고향에서 어머니의 흔적이 담긴 영상을 애틋하게 보고 싶어 한 것이다.

호남가를 들어 보았지만 그건 내 역량으로 따라 부르기엔 역부족이었다. 저자와 다시 통화를 하였다.

"함평 천지 늙은 몸이 / 광주 고향을 보려 하고……."

금세 구성지게 수화기에 대고 불러 주신다. 음성 녹음으로 보내 달라고 말씀드리자 천천히 읽으면 된다고 하신다. 그러면서 그 노래 한 소절에 또 울먹이던 저자. 그렇게 저자와 나는 '어머니'란 끈으로 맺어졌다. 혹시라도 작품에 누가 되지나 않을까 걱정이 되어 열심히 준비했다. 낭송은 작품이 살아야 한다. 문학회가 열리는 호텔에서 처음 만난 저자 이 선생님. 첫눈에 느낌으로 서로를 알아본 우리는 누가 먼저랄 것도 없이 꼭 껴안았다. 한복을 차려입은 내 모습에 이 선생님은 연신

"고마워요잉. 고마워요잉."
하시며 손을 잡으셨다.

작품과 어울릴 것 같은 대금 가락을 배경 음악으로 했다. 행사 시작 전에 마이크를 조절하며 몇 번이나 음악을 맞춰 보기도 했다. 그리고 낭송은 시작되었다.

"「곡예가 끝나면」…… 이○○"

갑자기 가슴 한 자락이 아렸다. 속으로 되뇌었다.

'어머니, 당신의 막내딸로 이 글을 바칩니다.'

한 소절, 한 소절, 정성을 다해 낭송했다. 저자가 손수건을 눈으로 가져가는 모습이 보였다. 고개를 돌렸다. 내가 울먹이면 안 된다. 잡음이라도 들릴까 봐 끈 에어컨 탓에 실내가 무척 더웠음에도 숨죽여 낭송을 듣고 계시는 문인들과 손님들……. 지긋한 연세의 선생님들이 고개를 끄덕이시는 모습이 눈에 들어왔다. 넓은 홀 안에 골고루 시선을 보내며 낭송을 했다.

"삶의 곡예가 끝나면 일직선, 죽음에 이르지 않던가……."

그렇게 낭송은 끝을 맺었다. 많이 부족했을 것이다. 그럼에도 큰 박수로 격려해 주시던 선생님들. 영호남수필문학회 초대 회장님께서 하신 말씀은 오래도록 잊지 못할 것이다.

"시 낭송은 감동은 주었어도, 수필 낭송처럼 사람을 울리지는 못해요."

또, 광주의 한 선생님께서 하시던 말씀도 오래도록 귓전에 남았다.

"어떻게 낭송으로 남자를 다 울려요이."

낭송을 준비하는 내내 같이했던 수필 속의 '아흔의 삶'이 내 속에서 흐뭇한 미소를 짓고 있는 것 같았다. 낭송을 준비하면서 어려운 점도 많았지만 나는 오히려 더 많은 것을 배우고 얻었다. 낭송으로 인해 맺어진 저자와의 인연. 초대할 테니 꼭 와 달라는 저자의 따뜻한 말(실제로 행사 후 저자는 광주로 초청해 주셨다.). 이렇게 따스한 마음 자락 전하면 그것이 바로 사람 살아가는 길이 아닌가. 내게 어머니를 생각나게 하고, 어머니와 함께하게 해 준 '낭송 여행'은 그렇게 내 여름과 같이 흘러갔다.

앞으로 또 어떤 '낯선 인연'과 '낯선 경험'이 설렘으로 다가올지 모른다. 하지만 그때마다 감사한 마음으로 접할 것이다. 글을 쓴다는 것은 마음 한 자락 내려놓는 것임을 안다. 글쓴이의 마음 자락을 보듬는 길, 그 수필의 한 자락을 '수필 낭송'이 곱게 잡고 있다.

사흘을 앓은 여인

아무리 생각해도 일면식이 없는 여인이다.

"선생님 때문에 사흘을 꼬박 앓았어요."

엘리베이터 안에서 그녀가 한 말이다. 이게 무슨 일인가? 아무리 생각해도 그녀에 대한 기억이 없는 나로서는 의아하기만 했다. 나도 모르는 사이에 누군가에게 상처를 주었단 말인가? 이곳은 스피치 센터. 수업할 때 분위기를 좀 더 잘 이끌 수 있는 방법을 배우기 위해 다니기 시작했는데 자주 들르지도 못했기에 영 낯선 얼굴이다.

"선생님의 특강을 듣고 얼마나 가슴앓이를 했는지 몰라요."

그녀의 말을 듣고 나서야 지난주 수요일 밤에 스피치 센터에서 원장님의 부탁을 받고 특강을 한 기억이 떠올랐다. 두어 달 전, 강의실에서 쉬는 시간을 이용해 시 낭송을 하던 나를 보신 원장님께서 감동적이라며 스피치를 배우러 오시는 분들에게 강의를 해 달라고 부탁하셨지만 고사하던 중 용기를 낸 것이 지난 수요일이었던 것이다.

'이야기가 담긴 낭송'이라는 제목으로 강의를 하면서 작품마다 담긴 사연, 그리고 그 작품을 낭송했던 배경을 이야기하며 청중으로 참석한 수강생들에게 차례로 낭송을 부탁드렸던 기억이 난다. 스피치 센터에 들른 수강생 중에는 CEO, 학원 강사, 공무원, 대학생 등 다양한 사람이 있었다. 부산, 밀양, 합천, 영천 등지에서 대구까지 오신 분도 계시기에 더 조심스러웠다.

스피치라면 예전의 웅변과 같은 개념이 많이 떠오른다. 그런데 요즘은 자기 의견을 발표할 기회가 많기 때문에 '말 잘하는 것'이 아닌 '잘 말하는 것'을 배우기 위해 사람들이 찾는다. 연령과 직업이 다양한 분들이 나를 주시하고 강의에 흠뻑 빠져드는 것을 알 수 있었다. 내가 웃으면 같이 웃어 주고, 내가 호흡을 멈추면 같이 정적을 지켜 주는 분들을 보니 감사했다. 수강생들에게 마이크를 넘기자 처음 대하는 시詩도 있고 처음 접한 상황인데도 호흡을 가다듬고 시를 낭독해 주셨다.

어느덧 마칠 시간이었다.

"'좀 더 잘할 수 있었을 텐데.'라는 말은 아마추어들이 쓰는 말이고 최선을 다했다는 말은 프로가 쓰는 말이라고 합니다. 오늘 저는 이 강의를 위해 최선을 다했습니다. 경청해 주셔서 정말 행복했습니다. 감사합니다."

"좋은 강의는 1시간 강의를 10분으로 만드는 것인데, 우리는 2시간 가까운 강의를 들으면서도 20분도 안 된 것같이 느꼈습니다."

원장님께서 고맙게도 칭찬의 말씀을 덧붙이셨다. 끝으로 '어머님 은혜' 배경 음악에 맞춘 '어머니'라는 시를 같이 낭송하며 맺었다. 서로 박수를 치며 감동을 나누는 모습에 가슴이 뭉클했다.

그때 맨 앞자리에서 시를 낭독했다고 여인이 말을 이었다. 그리고 비슷한 연배인 내가 모든 것을 이룬 것같이 보였고, 낭송하는 모습이 가슴을 울렁이게 했다는 것이다. 투명한 그녀의 웃음을 보며 '예쁜 앓이'를 하셨다고 했다. 모든 것을 이룬 것 같다고 믿는 내 가슴속에도 또 다른 '앓이'가 있는 줄 그녀도 아마 알 것이다. 그만큼 우리는 세월을 살아내지 않았던가.

다음 기회에 한 번 더 강의를 해 달라는 원장님의 부탁에 머뭇거리자 꼭 다시 해 달라고 그녀가 부탁을 덧붙였다. 그때는 시인인 친구가 쓴 시를 꼭 한번 낭송하고 싶다며 직접 만든 식혜를 한 컵 가득 내게 권했다. 식혜를 달일 때 참외즙을 넣어서 설탕 맛을 줄였다고 한다. 그러고 보니 빛이 참외 속살 빛이다.

부족한 내 이야기를 듣고도 참외 맛 식혜처럼 예쁜 삭임을 사흘이나 했다는, 참외 속살처럼 맑은 웃음을 지닌 그녀의 마음이 어느새 시詩가 되어 한 구절씩 달콤하게 목을 적신다.

어느 자화상

"애비는 종이었다."

선언문처럼 툭 던지는 첫 문장은 다른 시에서는 볼 수 없는 충격적인 표현이다. '자화상'이라고 하면 유안진, 윤동주, 노천명, 박두진 등 여러 시인이 시로 표현하였지만 미당未堂 서정주의 자화상은 첫 행부터 파격적이다.

스물세 살 청년의 험난했던 인생사와 자기 삶에 대한 당당한 수용 의지를 담은 「자화상」은 첫 행만 보고는 얼핏 푸념처럼 낭송할 수 있다. 하지만 시의 행간에 담긴 가족사의 이야기며 굴욕적인 삶에 맞서지 않으려는 의지를 대하다 보면 결코 가볍게 읽을 수 없는 이야기다.

그렇다고 마냥 침울하고 무겁게 읽어서도 안 된다. 고통스러운 삶 속에서 이뤄지는 예술적 창조로서의 '시詩'에도 동물적이고 육체적인 충동, 즉 고통을 의미하는 '피'가 있어야 한다는 것은 결국 '피'가 있어야 '시의 이슬'도 얻을 수 있다는 것을 말하고 있다. 그것은 화자가 자신의 삶을 긍정할 수 있는 바탕이 되며 이 시가 표현하고자 하는 진실한 삶이므로 무척 중요한 깨달음이다. 그렇기 때문에 "병든 수캐처럼" 살아온 자신을 부끄러워하지 않고 당당하게 긍정하고 있는 것이다.

글로 된 문학을 낭송이란 영역에서 본격적으로 접하게 된 것은 2005년 무렵이다. 물론 그전에도 대학원에서 지도 교수님의 출판 기념회 때 시를 낭송한 경험이 있었고, 그 이후에도 다양한 행사에서 시나 수필을 낭송할 기회가 있었다. 낭송을 하기 위해 수없이 암송을 하며 익힌다. 때로는 작가의 고향을 방문해서 작품의 산실을 돌아보기도 한다. 오롯이 작가 속으로 들어가서 그 작가의 마음이 되어 한 자 한 자 새김질해 보기 위해서다.

마침 미당의 「자화상」을 낭송할 행사가 있기도 했고 국화 향이 진한 계절이 되어 '미당시문학관'을 찾았다. 미당은 자신의 성장 과정이 고통과 시련, 방황의 연속이었음을 "나를 키운 것은 팔 할이 바람"이라는 말 속에 담아내고 있다. 그리고 어려웠던 삶의 근원에 종살이를 했던 아버지와 동학란이 있던 갑오년에 바다에서 실종된 외할아버지가 자리 잡고 있음을 말하고 있다. 물론 미당은 실제로 그렇게 어렵게 산 것은 아니라는 것을 여러 자료를 통해 알 수 있다. 하지만 그가 쓴 시 속에서 우리는 그의 자화상을 나름대로 다시 살펴볼 수도 있지 않을까 싶다.

미당시문학관 벽에 걸려 있는 「자화상」을 낭송하고 있자니 하나 둘 사람들이 모여들었다. 문학 기행을 온 사람들도 있었고 체험학습을 나온 학생들도 있었다. 시의 마지막 행이 끝나자 모두 박수를 쳤다. 시를 눈으로만 읽다가 낭송으로 들으니 새롭다며 다른 시도 낭송해 달라고 부탁을 하였다. 서정시의 대가이면서도 학도병 지원을 독려하며 쓴 시가 같이 전시된 공간에서 역사와 시인의 삶을 다시 한 번 생각해 보았다.

"어떤 이"는 자신을 "죄인"이나 "천치"로 읽고 가기도 하지만 자신의 삶을 후회하지 않고 당당하게 살아 나가겠다는 의지를 담은 자화상이라고 보기에 나는 미당의 「자화상」의 첫 문장을 애상적인 음성으로 낭송할 수가 없었다. 그리고 마지막 행 역시 어떤 이들은 "병든 수캐마냥"이란 단어에 연연해서 어조를 낮게 하여 쓰러지듯 읊지만 나는 "헐떡거리며"라도 당당하게 걸어가려는 시적 화자의 마음을 담아 마지막 마음을 전하고 싶었다.

미당의 「자화상」을 읽으며 문득 내 자화상을 그려 보았다. 그런데 나는 아직도 지나온 세월을 툭! 털고 이야기할 수가 없다. 그런데 하고 싶다. 하지만 아프다고 풀어 놓은 이야기가 때론 동정 어린 시선을 받기도 하고, 참을 수 없을 만큼 힘든 줄 알았던 이야기도 지내 놓고 보면 엄살 섞인 아우성이었음을 알았을 때는 부끄럽기조차 하였다. 그러다 보니 글이 점점 닫히게 되었다.

미당시문학관 옥상에 올랐다. 저 멀리 바다 건너에 자리 잡은 변산 반도와 곰소만 갯벌을 메워 만든 드넓은 평야가 한가득 안겨 온다. 불어오는 바람에 가슴이 탁 트인다. 맑은 바람 한 줄기 한껏 마셨으니 이제는 오랫동안 잠자고 있던 내 글을 깨워 첫 단어를 써야겠다. 미당은 아닐지라도 '나는'이라며 첫 문장을 시작하다 보면 그 첫 문장이 바로 다음 글을 여는 문門이 되어 주지 않겠는가.

우리 가락으로 맺은 '님'

"'님'이라는 글자에 점 하나를 찍으면 도로 '남'이 되는" 것이 인생사라는 대중가요가 있다. 소중한 인연에 점 하나가 그만큼 중요한 역할을 한다는 말이다.

교내 합창대회, 시골이 고향인 아이들도 많아서 우리 민요인 「울산 아가씨」를 자유곡으로 정했다. 그리고 국악 반주를 곁들이면 좋겠다는 생각에 학원을 알아보던 중 연결된 곳이 K 국악예술학원이다. 그곳에서 생판 '남'이었던 K 원장님을 만났다. 대회가 2주일도 채 남지 않은 사정을 말씀드렸더니 세마치장단을 바로 맞추자고 하셨다. 어려워서 도저히 따라 하지 못할 것 같던 장구도 시간이 가니 조금씩 익숙해졌다.

원장님은 장구를 익히며 민요를 부르는 것을 듣고는 시조창을 한번 배워 보라고 하셨다. 솔직히 시조창이라고 하면 왠지 연세 지긋한 어른들이 여가 삼아 하는 것으로 생각이 들었다. 시조 문학은 관심이 있어서 공부도 했지만 시조창은 전혀 생각도 해 보지 않은 분야였다. 첫 소절을 따라 해 보았지만 영 어색했다. 마음이 열리지 않으니 소리가 열릴 리 없다. 화선지에 붓으로 그림을 그리듯 여백에 소리를 그리는 작업이 시조창인 것 같았다.

그렇게 시작된 국악과의 인연은 여름의 한가운데서 거창군 문예회관에서 개최된 '시조와 국문학의 만남' 국악 발표회 공연을 같이하게 이어졌다. 대구시민회관 앞에서 시조창 공연의 한 순서를 맡으신 어르신들이 버스에 오르시며 하시는 말씀이 앞좌석에 무심히 앉아 있는 내 가슴에 '쿵' 소리를 내며 박혔다.

"혹시 오늘 틀릴까 봐 버스 올 때까지 기다리매 저 뒤에서 계속 연습했다. 아마 골목이 떠들썩했을 끼다."

평생을 시조, 그리고 시조창과 함께해 온 분들이라고 했다. 그런데 한 번의 무대, 한 곡의 시조창을 위해 이리도 열심히 연습을 하셨다는 말씀에 가슴이 먹먹했다. 몇 분은 버스 안에서도 서로 음을 맞추며 연습을 하셨다. 초등학생들이 학예회 발표라도 앞둔 듯 긴장한 모습 같았는데 그 모습이 경건하기까지 했다. 어르신들의 연습은 공연 대기실에서도 계속되었다.

4막으로 진행된 공연 중 제2막을 어르신들이 우탁의 시조 「탄로가」로 열어 주셨다. 우리나라 시조의 효시인 역동 우탁의 「탄로가」는 먼 옛날의 노랫말로 여겨지는 것이다. 나는 시조창에 앞서 배경 영상과 함께 시조를 낭송했다. 이어서 어르신들이 시조의 첫 음을 여셨다.

한 손에 가시 들고 또 한 손에 막대 들어
늙는 길 가시로 막고 오는 백발 막대로 치랴터니
백발이 제 먼저 알고 지름길로 오더라.

은은한 옥빛의 도포를 입으신 어르신들이 들려주시는 「탄로가」는 시간이 지층으로 쌓인 삶의 독백이었다. 저분들인들 흑발인 청춘이 왜 없었겠는가? 삶의 갈피갈피마다 보내기 아쉬운 세월이 어찌 없었겠는가? 어르신들 중에는 아흔의 연세에 가까우신 분도 계셨으니 그야말로 그분들이 들려준 시조창은 세월의 이음이며 우리의 얼이었다.

불혹을 넘기면서 희끗하게 생기는 새치는 그래도 이겨낼 자신이 있었다. 논에서 피를 뽑듯 하나씩 자신 있게 제거했으니까. 그런데 지천명의 나이테를 넘기면서 많아지는 흰머리는 솎아내기는 역부족이라 할 수 없이 염색의 힘을 입어야 했다. 그래서인지 저 멀게만 느껴지는 「탄로가」가 이제는 전설로만 여겨지지 않는다.

10분도 채 안 된 공연이지만 혼신의 힘을 다해 「탄로가」를 부르시던, “가시로 막고, 막대로 치려던” 백발과도 벗이 된 어르신들의 모습을 보는 내 마음에 ‘겸손’이란 단어 하나가 투명하게 새겨지고 있었다.

어느새 마침 인사를 해야 할 시간이 되어 공연자와 관객들이 하나가 되어 「아리랑」 가락에 맞춰 아리랑 고개를 함께 넘었다. 합창 준비를 위해 찾은 국악학원에서 만난 K 원장님, 함께한 공연, 그리고 세월의 자락을 시조로 들려주신 어르신들과의 만남은 바로 ‘남’이 ‘님’이 된 시간이었다.

산을 품다

산과 산이 이어진 모습이 시인이 말한 것처럼 학이 날개를 쭉 펴고 날아오르는 모습 같다. 날카로운 선이 아니라 둥글고 완만한 곡선으로 이어진 산은 모난 돌이 세월에 깎여 둥글게 되듯이 세월을 넉넉하게 안고 도는 듯하다.

양지바른 곳에 사람을 묻고 기슭마다 꽃을 피우는 산이다. 그 산을 품는 시를 낭송했다. 김광섭 시인의 「산」은 각 연마다 주어가 대부분 '산'으로 시작되어 낭송하기에 어렵다. 그런데 그 '산'을 품고 낭송하다 보면 어느새 산수화가 병풍처럼 이어진다.

산은 일단 '오른다'는 단어와 맞물리게 되면서 힘들다는 느낌이 함께 든다. 그런데 김광섭 시인의 「산」은 우리가 힘들게 올라야 만나는 산이 아니라 우리를 품어 주고 거두어 주는, 그러면서 때로는 나무라기도 하는 인성人性이 접목된 산을 그리고 있다.

삶이 힘겨워서 허덕이는 사람들이 있을라치면 길손을 기다리듯 정겹게 머물렀다가 함께 가는 산이다. 양지바른 쪽에는 죽은 자의 평안한 안식을 품어 주고 높은 곳에는 신성神聖한 신의 영역을 마련해 두는 산을 따라 오르내려 본다. 그러다 보면 산에 곱게 잠들어 있는 자들의 시간도, 또 남겨진 자들의 시간도 모두 귀하고 성스럽게 품어 주는 것을 느낄 수 있다.

"나무를 기르는 법"으로 우리에게 인내하는 법을, "벼랑에 오르지 못하는 법"으로 노력해도 닿을 수 없음도 있다는 겸허한 마음을 가르치는 시어詩語는 수묵화로 웅장하게 그려지기도 하다가 수채화로 은은하게 채색되기도 한다. "울적하면 솟아서 봉우리가 되고, 물소리를 듣고 싶으면 내려와 깊은 계곡"이 되는 산의 마음이 바로 우리들의 마음이라고 나름대로 해석을 붙여 본다. 산도 때로는 사람들처럼 울적해서 봉우리처럼 마음이 치솟기도 할 것이다. 그리고 낮은 곳에 머물며 잔잔하게 마음의 위로를 받고 싶어 함을 읊으니 내 마음도 어느새 봉우리처럼 솟기도 하고, 물가에 앉아 위로를 받기도 한다.

"산은 한번 신경질을 되게 내야만 / 고산高山도 되고 명산名山도 된다"는 구절에 담긴, 산이 내는 '신경질'은 온갖 아픔과 사랑이 함께한 삶의 응결체이며 '고산高山'과 '명산名山'이 되는 필요충분 조건일 것이다. 그런데 살아가면서 올바른 신경질 대신 투정으로 점철된 삶을 산 것이 아니었는지, 높은 산과 이름 있는 산만 바라보며 노력보다 더 많은 이름을 탐하지 않았는지 돌아본다.

들녘에 가을이 출렁인다. 그런데 그 출렁임 뒤에 학처럼 날아오고 기러기처럼 날아가는 산이 배경에 없다면 어찌 그림이 완성될 수 있겠는가? 우리가 살아가는 것도 이러할 것이다. 혼자만 주인공이 되어 우뚝 서야 보람 있을 것 같지만 그 주위를 둘러싸고 있는 배경의 고마움이 얼마나 넉넉한지 잊고 지낼 때가 많다.

산은 언제나 기슭에 봄이 먼저 오지만
조금만 올라가면 여름이 머물고 있어서
한 기슭인데 두 계절을
사이좋게 지니고 산다.

—김광섭, 「산」 중에서

“조금만 올라가면”이라는 시어詩語가 마치 “조금만 더 참아 보자.”라는 다독임 같아 가슴에 꼭 보듬는다. 이보다 더 따뜻한 응원이 어디 있겠는가? 산은 봄이면 기슭을 내주고, 여름이면 온몸을 맡긴다. 가을이면 또 어떤가? 기슭을 타고 올라간 봄이 조심스럽게 내려오도록 붉고 노란 미끄럼틀을 만들어 주고 겨울이면 하얀 이야기로 사계절의 추억을 보듬는 산이다. 이런 산과 같은 삶이 있기에 우리는 하루하루를 퍼즐처럼 맞추며 사는 것일 게다.

품바 타령을 끝낸 각설이가 제자리를 찾으며 숨고르기를 하듯 세월의 모롱이를 돌며 산 시간들을 삶의 갈피에 끼워 넣는다. 그리고 그 속에 담긴 많은 이야기를 굳이 이야기하지 않아도 다 알고 있을, 그 산山을 한껏 품어 본다.

미모사처럼 나를 여민다

초판 1쇄 발행 2018년 3월 5일
초판 2쇄 발행 2018년 6월 1일

지은이 하정숙
펴낸이 이은재
편 집 권정근
디자인 이태호

펴낸곳 도서출판 그루
출판등록 1983. 3. 26(제1-61호)
주소 42452 대구광역시 남구 큰골 3길 30
전화 053-253-7872
팩스 053-257-7884
전자우편 guroo@guroo.co.kr

ISBN 978-89-8069-373-3